中国人在德国学德语的故事

陶翠屏 著

西北工业大学出版社
西 安

图书在版编目(CIP)数据

中国人在德国学德语的故事 / 陶翠屏著. —— 西安：西北工业大学出版社，2023.9
ISBN 978-7-5612-8890-0

Ⅰ.①中… Ⅱ.①陶… Ⅲ.①德语-自学参考资料 Ⅳ.①H33

中国国家版本馆 CIP 数据核字(2023)第 163323 号

ZHONGGUOREN ZAI DEGUO XUE DEYU DE GUSHI
中 国 人 在 德 国 学 德 语 的 故 事
陶翠屏　著

责任编辑：隋秀娟	策划编辑：雷　鹏
责任校对：陈松涛	装帧设计：郭　伟

出版发行：西北工业大学出版社
通信地址：西安市友谊西路 127 号　　邮编：710072
电　　话：(029)88491757，88493844
网　　址：www.nwpup.com
印 刷 者：陕西向阳印务有限公司
开　　本：710 mm×1 000 mm　　1/16
印　　张：16
字　　数：313 千字
版　　次：2023 年 9 月第 1 版　　2023 年 9 月第 1 次印刷
书　　号：ISBN 978-7-5612-8890-0
定　　价：68.00 元

如有印装问题请与出版社联系调换

序

时间过得真快,笔者来到德国已有 30 多年了。在这段时间里,不仅德国,而且中国,乃至世界都发生了翻天覆地的变化。

在 20 世纪 80 年代,德国还分为东德和西德,现在它们已经成为一个统一的国家。那时中国改革开放刚起步,中国人开始到国外留学,与外国人做生意。当时只有少数人可以到国外,而现在大批中国人到国外留学、工作、做生意,甚至旅游,这在 40 多年前是不可想象的。

古人云:"读万卷书,行千里路。"人们不仅要从书本中读有字书,而且还要从社会和生活中读无字书,这样才能见多识广。如今科技不断向前发展,计算机、手机不断更新换代,人们迎来了数字化的新时代。"一机在手,什么都有。"这句话形象地描述了手机在人们目前生活中发挥的作用。不出家门,便可知天下事,买到所需物,办成要办的事。以前想象中的"顺风耳""千里眼",现已成真。目前,到德国的中国人越来越多。笔者回国探亲时,常有人打听德国的一些情况,有的也问到如何学德语。在中国,大多数人学的第一外语是英语,德语属于小语种,懂的人少。笔者在德国学习、工作、生活了 30 多年,经历了不少的事,也从中学到了一些在课本上没有的东西。在与中国人交谈时,笔者发现其中有一部分人对德国和德语知之甚少。有些人出国以后,面对着与国内大不相同的环境、工作对象和语言,会感到陌生和不安。中国人用筷子,欧洲人用刀叉,连吃饭的餐具都不同,更何况饮食习惯和其他方面了。要想深入外国人的社交圈,就要能用当地的语言与他们交流,至少能够看得懂电视,听得清新闻,读得了报纸。归根结底就是要学习当地的语言,它是这一切的基础,因而笔者萌发了写这本书的念头。

本书以讲故事的方式讲述主人公张东东和他的家人在德国工作、生活、旅游和学德语的经历。用 70 多个小故事叙述了他们在此期间当遇到生活上的困难时,在语言上如何寻找解决方法的趣事,以及他们在习俗上怎样融入德国人的生活圈子之中。例如:从硬币是否还有用武之地,到办公室的钥匙是否丢得起;从德语比英

中国人在德国学德语的故事

语多哪几个字母,到最长的德语单词有多少个字母,以及怎样确认德语字母拼写的对与错;从最常见的德国姓氏来源于何处,到德国人过元旦有哪些习俗;等等。本书通俗易懂,生活气息浓厚,图文并茂,还加入了笔者在德国的亲身经历,写入了笔者本人的学德语的点滴体会,希望读者能够喜欢。

  笔者希望通过这本书能够让更多的中国人了解德国的风土人情,并将德语中最基本的知识作为常识传递给读者,使读者了解其中的缘故,找到学习德语的突破口,同时也让从未接触过德语的读者对德语有一个大概的印象。说不定有些读者会遇到书中所描述的同样或者相似的问题或情形,从中能得到解决问题的答案和处理问题的方法。笔者相信,无论是否来过德国,在德国逗留时间长或短,只要对德国及其语言感兴趣的人,便能从中了解到德国不同方面的知识,扩宽自己的眼界。万事开头难,但只要迈出了第一步,就会有第二步,第三步……笔者还希望这本书能对促进中德两国人民之间的交往有所帮助,为共同建造中德之间的友谊桥梁贡献出自己的微薄之力!

  由于水平有限,书中难免有不够完善和疏漏之处,欢迎读者批评指正。

陶翠屏

2023 年 3 月 9 日

于德国达姆施塔特(Darmstadt)

目录

1. 英语在德国行得通吗? ……………………………… 1
2. 在德国周末如何买东西? …………………………… 3
3. 德语比英语多哪几个字母? ………………………… 6
4. 德国联邦州如何从 11 个增加到 16 个? …………… 10
5. 千位分隔符是用","还是用"."? …………………… 13
6. 硬币是否还有用武之地? …………………………… 16
7. 德语单词读与写一致吗? …………………………… 19
8. 读数字 21 是从左到右, 还是从右到左? …………… 23
9. 打招呼的问候语与什么有关? ……………………… 26
10. 达姆施塔特的地标是什么建筑? …………………… 29
11. 如何用 "vor" 和 "nach" 来回答几点钟? ………… 33
12. 怎样将基数词演变成为序数词? …………………… 36
13. 如何用德语读分数 "$\frac{2}{3}$" ? ………………… 39
14. 达姆施塔特为何有俄罗斯教堂? …………………… 41
15. 科德宝城堡是个什么样的博物馆? ………………… 45
16. 德国有两个法兰克福吗? …………………………… 48
17. 山间路-奥登瓦尔德地质自然公园有哪些特点? …… 51
18. 山间路在何处? ……………………………………… 54

19	办公室的钥匙是否丢得起？	58
20	最长的德语单词有多少个字母？	60
21	怎样确认德语字母拼写的对与错？	63
22	在德国如何考取驾照？	68
23	芦笋季节为何要在圣约翰日这一天结束？	71
24	达姆施塔特人为何被称为 Heiner？	74
25	Zentner 是什么计量单位？	77
26	考试得 1 分是好还是差？	80
27	最常见的德国姓氏来源于何处？	83
28	入学彩袋如何传播到德国各地？	86
29	何处使用计量单位 Hektar？	89
30	用德语写信有哪些格式要求？	91
31	中小学课本由学校免费发吗？	95
32	德语冠词有哪些功能？	98
33	德语名词的属性与自然属性一致吗？	100
34	什么是典型的德国菜肴？	103
35	如何区别可变与不可变词类？	107
36	句子有哪几个主要成分？	110
37	谓语放在句中的什么位置？	113
38	形容词有哪些类型？	116
39	如何识别名词的格？	119
40	电视节目 *Sandmännchen* 的灵感来源于何处？	122
41	Schrebergarten 有哪些特点？	125
42	ARD 在德国如何分布的？	128

43	第一届慕尼黑啤酒节与啤酒有关吗？	131
44	德国国庆日为何定在 10 月 3 日？	135
45	人名还有阴阳之分？	137
46	森林螺旋与普通建筑物有什么不同之处？	139
47	„"是什么符号？	142
48	德语感叹词能把人物的情感表达得淋漓尽致吗？	145
49	"Moin，Moin！"是何意？	148
50	德国现在还有几座城市拥有"汉萨同盟城市"的称号？	151
51	意大利还有德语作为官方语言的地方吗？	154
52	新天鹅堡为何这样吸引人？	157
53	为什么德国几个联邦州被称为"Freistaat"？	160
54	如何判断形容词是否名词化？	162
55	不定代词 man 有哪些特点？	164
56	有哪些不定代词只用于事物？	167
57	有既用于人也用于物的不定代词吗？	169
58	数词在句中可当作什么词来使用？	173
59	无人称动词用于何处？	177
60	介词有哪些类型？	179
61	介词后的名词为何有第三格和第四格之分？	182
62	用什么方法可以辨别副词的类型？	185
63	鉴别一个词是形容词还是副词有诀窍吗？	189
64	如何使用连词？	191
65	德语动词有哪些变化？	194
66	助动词 haben 与 sein 的用法有哪些不同？	197
67	欧洲最大的露天盐水喷雾位于何处？	199

68	有没有辨认德语名词属性的窍门？	202
69	什么是命名日？	206
70	Sankt Martin 真有其人？	208
71	Advent 的名字来源于何处？	211
72	德国人过元旦有哪些习俗？	214
73	在德国最大的收获是什么？	217

附录 220

- 附录 0：本书涉及的主要德国地名与中译名对照 220
- 附录 1a：德语字母表及其读音 222
- 附录 1b：德语拼写字母表（邮政拼写版） 222
- 附录 1c：德语拼写字母表（商业和行政拼写版） 223
- 附录 2：德国联邦州名称的德汉语对照表 223
- 附录 3：德语部分辅音发音规则及举例 224
- 附录 4：德语基数词举例 225
- 附录 5：德语日期及举例 225
- 附录 6：德语序数词举例 227
- 附录 7：德国 2010—2022 年每年适用的联邦法规总数 227
- 附录 8：德国最常见的 100 个姓氏 228
- 附录 9：德语定冠词和不定冠词的变格表 232
- 附录 10：德语名词的四格变化举例 232
- 附录 11：德语词类表 233
- 附录 12：德语句子成分表及举例 233
- 附录 13：德语强、弱和混合变化形容词词尾变化表 235
- 附录 14：德语不同代词的变格表 237
- 附录 15：2022 年德国各联邦州规定的节假日 239
- 附录 16：德语标点符号及在德语键盘上常用的其他主要符号 240
- 附录 17：德国联邦州 2022 年中小学校假期一览表 242
- 附录 18：德国 2022 年含有命名日的日历 243

参考文献 246

1 英语在德国行得通吗？

张东东在中国的一家研究所工作。在春节放假后工作的第一天，研究所的秘书告诉他，所长在找他，要他马上去一趟所长办公室。张东东听后二话没说，直奔所长办公室，但一路上他忐忑不安，不知道为什么所长在放假后工作的第一天找他，是好事还是坏事，这个问题在他头脑里一直打转。

快到所长办公室时，张东东突然地放慢了脚步，慢慢地走到办公室门前，深深地吸了一口气，轻轻地敲门，咚，咚，咚咚。马上听到屋内传出来声音："请进。"

张东东推开门一看，办公室内坐着两个人，一个是所长，另一个是他的顶头上司——研究室主任。顿时，张东东就紧张起来了。这时，所长叫他："小张，快来坐吧。"

张东东走到沙发前坐下，所长笑着对他说："小张，你不用紧张。"

"所长，您找我有什么事？"张东东紧接着问道。

"有好事。"

"好事？什么好事？"

"你研究室主任推荐你，代表我们所去德国的达姆施塔特工业大学参加一个研究项目。"

"是吗？"张东东望着主任，主任点了点头，然后所长接着说："经过所领导讨论研究，同意派你去。"

"真的？"

"当然是真的，现在我们正式通知你。"

"什么时候走？"

"下个月。"

"这么快呀！"

"因为对方说时间紧，任务重。你要做好吃苦的准备。"

"明白，这次任务要去多长时间？"

"大概半年吧。"

主任问道："小张，你会德语吗？"

中国人在德国学德语的故事

"不会。"

"那你去过德国吗?"

"也没有去过。不过,我想在去德国之前自学一点德语。"

"小张,恐怕没有这么多的时间了。"

"好在对方研究所说了,在那里,用英语便可以,不一定非要会德语。"

"是的,研究所工作人员都会说英语。"

"听说研究小组还有几个其他国家的人,他们肯定都会说英语。"

就这样,张东东接受了任务。回到家,张东东把这个好消息告诉了他的夫人和女儿,她们都为他高兴。他夫人丁玲玲说:"东东,在走之前,你最好学点德语。"

"我也是这样想的,可是时间不够,下个月就要走。"

"你还有一个月的时间嘛。"

"可我还得准备一些资料,还要去查去找,没有时间学德语了。"

"嗯。"

"所长说了,对方那边全都说英语,所以会英语就足够了。"

"英语在德国行得通吗?"

"我想,德国是欧盟国家,英语普及率又比较高,说不定英语在德国行得通的。"

"但愿如此。"

"再说,在超市买东西也不用说话,拿着要买的东西,再刷一下卡就可以了。"

一个月的时间过去了。今天张东东就要离开北京去德国。他的夫人和女儿送他到飞机场,她们依依不舍,但"送君千里,必有一别"。他们相互告别后,张东东乘中国国际航空公司(简称"国航")的航班离开了北京,前往德国法兰克福机场,开启了他的德国之行。

国航飞机正降落在法兰克福(Frankfurt am Main)飞机场上(陶翠屏 摄)

2 在德国周末如何买东西?

经过约十个小时的飞行,张东东乘坐的航班降落到了法兰克福机场。这是张东东第一次到德国,当他的脚踏上这块土地时,有一种莫名的感觉,既兴奋又焦虑。在此之前,张东东曾多次到国外学习或者搞研究工作,去的均为说英语的国家,如美国、英国、澳大利亚。这次来到德国,对于张东东来说,是一个了解德国的好机会,他为此兴奋不止。同时,由于对德国太陌生,他又有些焦虑,不知道以后会有什么样的问题和困难摆在自己的面前。

张东东下了飞机,原已约好的,有人来接他,可他等了1个多小时,也没有看见接他的人影。于是,根据他去的研究所的教授给他的电话号码,他用手机打起了电话。电话铃响了三声后,听到电话里传来声音"Hallo"。

张东东说:"Hallo,我是张东东。"

"哦,张先生,您好!"电话里的陌生人回道。

张东东接着说:"教授说,有人要来接我的。"

电话里的陌生人回答道:"是的,我叫Peter,是研究所的博士生,教授安排我来接您的。现在您已到了法兰克福机场?"

"是的,我在法兰克福机场。"

"怎么? 您的飞机不是还有1个多小时才到达吗?"

"我所乘的航班在2个多小时之前就已到达法兰克福机场了。"

"对不起,我弄错了航班号。您在飞机场出口处等我,我马上开车去接您。"

"您开车来飞机场需要多长时间?"

"大约半个小时吧。"

"我看,不用了,我打出租车去达姆施塔特。"

"这也好,我在大学招待所等您。"

"大学招待所在什么地方?"

"我现在用SMS(短信息服务)将大学招待所的地址发给您。"Peter用手机给张东东发短信,并问:"收到没有?"

"收到了,谢谢!"

中国人在德国学德语的故事

"一会儿见。"

"好的,一会儿见。"

张东东出了飞机场的大门,上了出租车。这时,出租车司机开动了马达,将出租车前的牌子放下,问道:"Wohin?"张东东不知道出司机问他什么,因为他不懂德语,他用英语说:"去达姆施塔特。"并递给出租车司机一张写有达姆施塔特工业大学招待所地址的纸条。出租车司机接过纸条,将地址输入到 App 中,然后点了点头,向达姆施塔特开去。

从法兰克福飞机场到达姆施塔特大约有 30 千米,开车需要半个小时左右。为了节约时间,出租车司机通常开得很快。出租车一路顺风到达了达姆施塔特工业大学招待所,慢慢地行使到招待所大门前。张东东看见一个人站在门口,他想,一定是接他的 Peter。

出租车停住了,那个人也走过来,张东东下了车。那个人首先开口问道:"您是张先生吗?"

"您是 Peter 吧。"

"是的,欢迎您来到达姆施塔特。"

"谢谢!"张东东环视了四周,"这里好安静。"

"这里在市区的边缘,所以人少,车也少。请把箱子给我吧,我带您进去。"

"谢谢!"

Peter 领着张东东走进招待所,打开了一套房间,说:"这是你的房间。"房间里有一套桌椅、一张床,还有一个衣柜。另外,房间一个卫生间和小阳台,它类似于学生宿舍。Peter 把房间的钥匙交给了张东东,说:"您有什么事就打电话给我,我会尽力帮您的。"

"谢谢!"

"若现在没有什么事,我先走了。"

张东东打开冰箱看了一下,问道:"请问哪里有超市?我需要买一些东西,比如饮用水、牛奶等。"

Peter 马上回答道:"附近就有,不过今天是周日,超市和商店关门。"

"啊!周日超市关门?"

"是的。"

"这我还真不知道,现在我什么东西都没有,想喝口水或者牛奶都不行,这可怎么办呀?"

Peter 看到张东东着急的样子,连忙安慰道:"这没有关系,离这里不远有一个加油站,也可以买到常用的东西,如饮用水、牛奶、面包、水果,还有常用的日用品。虽然没有超市的品种多,价格比超市稍微贵一点,但救急还是可以的。"

"那好,能否麻烦您现在带我去看一看?"

张东东与 Peter 一起走出大学招待所,朝着加油站奔去。不一会儿,他们买了东西,回到了招待所,Peter 完成了任务离开了。

到了晚上,张东东躺在床上,怎么也睡不着。一是时差问题,北京属于东八区,德国位于东二区,时差 7 个小时,德国的晚上 12 点是中国的早上 7 点钟。二是张东东平时没有多关心德国,对德国了解得太少,现在来到这个陌生的国家,这里与他以前去过的国家有许多不同。自己来到德国才几个小时,就遇到了好几件没有想到的事情。这又让张东东对德国更加感兴趣起来,希望弥补以前没有做好的"功课"。

达姆施塔特(Darmstadt)一家加油站(陶翠屏 摄)

3　德语比英语多哪几个字母？

德国的冬天,天气寒冷,寒风刺骨。今天是张东东正式上班的第一天,早上张东东踏着地上的白霜,看着冉冉升起的太阳,心里感觉暖洋洋的。在大学的研究所大楼门口,张东东看见前面的Peter,大声叫了一声:"Peter!"

Peter回头一看,"啊,东东,你好!周日过得怎么样?"

"你好!我过得很好,谢谢!"

"现在正好,我带你去秘书那里,办一些手续,估计还要填几张表格。"

"好的。"

张东东和Peter一起上了大楼第三层。大走廊左边第一间房是教授秘书办公室,办公室的门开着,他们看见秘书Regina低着头,伏案在本子上写什么。Peter首先向Regina打招呼:"你好!Regina。"

"你好!Peter。"Regina抬起头,看见Peter和张东东两人,然后站起来。Peter走过去,说:"Regina,我给你介绍一下我们的新同事,他叫张东东。"

Regina对张东东说:"我早就听说你的名字,今天终于见到真人了。"

"你好!Regina。"张东东走上前打招呼。

Regina接着说道:"在我们这里,所有的人都直呼名字,不称姓的。我叫你东东,你不会反对吧。"

"当然不会,我很高兴认识你,Regina。"

Regina从抽屉里拿出了几份表交给张东东,并说:"东东,这有几份表格请你填一下,你填好后交给我,我来给你办理相关手续,比如领取大学工作证、图书馆借书证。"

"好的,谢谢。"

"不客气。"

Regina又从大柜子里拿出一些本子、铅笔等文具用品,交给了张东东:"你还需要什么,尽管告诉我,不必客气。"

张东东点了点头。

Regina转身对Peter说:"Peter,我还要交给你一项任务。"

"什么任务?"

"麻烦你带着东东在我们的研究所转一圈,认识一下人,熟悉熟悉地方。"

"没问题,你若没有什么事的话,我现在就可以带他去研究所走一走。"

Regina 问张东东:"东东,你还有什么事或者问题吗?"

"没有。"张东东回答道。

"那好,你随 Peter 去熟悉一下环境吧。"

Peter 迫不及待地说:"东东,我们现在就去吧。"

Peter 领着张东东到了他的办公室,原来这里都已经安排好了,他们俩在一间办公室工作。办公室宽敞明亮,前面有一张空桌子,上面有一台计算机,Peter 指着这个位置说:"东东,这是你的工位。"

张东东坐到座位上,看了一下计算机,用手指从左到右划过整个键盘,他眼睛一晃,大吃一惊,因为他发现键盘上数字一行的右边有一个奇怪的数字。他好奇地问 Peter:"你看,这像是数字'8',但又不是,好像数字'8'长着一根长长的尾巴,它代表什么数字呀?"

"东东,这'ß'不是数字,它是德语字母。"

"这是德语字母?"

"对啊!看来你从来没有见过德语输入键盘。"

"是的,这是我第一次见到德语输入键盘。德语有多少个字母?"

"你学过英语,那你一定知道英语有多少字母。"

"英语有 26 个字母。"

"德语有 30 个字母①,它比英语还多了 4 个字母。"

"这我还真不清楚。"

Peter 故意问张东东:"东东,你还能在键盘上找出另外 3 个德语字母吗?"

张东东手指指着键盘用英语念着"A、B、C……Y、Z",他停顿了一会儿,说:"这些字母与英语一模一样。"

"它们写法一致,但读法不同。"紧接着,Peter 又追问张东东:"那另外的 3 个德语字母在哪呢?"

张东东仔细观察了这个德语输入键盘,说:"在'ß'下面有'Ü''Ö'和'Ä'。"

"不错,你还真找到了。"

"这并不难找,它们就在字母'ß'的下面。"张东东用手指指给 Peter 看,接着他又提出了一个问题:"Peter,'Ä''Ö'和'Ü'这三个字母叫什么?"

"它们是在'A''O''U'这三个字母上面加了两个点,在德语中,这两点被称

---

① 德语字母表及其读音详见附录 1a。

中国人在德国学德语的故事

为变音符号。因为通过加了两个点,'A''O''U'这三个元音字母变了音,所以,'Ä''Ö''Ü'也被称为变音元音。"

德语键盘

英语键盘

"德语输入键盘与英语输入键盘一样吗?"

"它们之间有些部分相同,有些部分不相同。"

"怎样分辨德语输入键盘和英语输入键盘呢?"

"要想知道是英语键盘还是德语键盘,最简单的方法是从键盘上输入字母'Y',如果屏幕上显示出字母'Z',那就是英语键盘。因为这两个键盘中的字母'Y'和字母'Z'的位置正好相反。"

"如何将德语输入键盘换成英语输入键盘?"

"根据个人电脑系统不同,可用不同的指令或者键盘组合,将德语输入键盘换成英语输入键盘,或者反之。"

"Peter,我从来没有接触过德语,对它可谓一无所知。"

"德语与英语有一些相似的地方。你会英语,学德语也就不会太难。"

"真的吗?"

"你看,德语中的26个字母跟英语一模一样,只是读音略有差别。"

"有这么好学? 那请你当我的德语老师,行吗?"

"我可从来没有当过老师。"

"你看,你劝我学德语,现在我都敢学,可你自己却不敢教,那我怎么学呢?"

"自学嘛。"

"自学一种语言,我可没有这么大的本事。"
"那好吧,但我得事先声明一点。"
"请讲。"
"我从来没有教过别人德语,没有经验。不过,我可以试一试。谁让我们在一起工作呀。"
"那你就算收了我这个学生了。"张东东马上伸出手来说:"一言为定!可不能反悔。"

Peter 点了点头,也伸出手与张东东击掌,"一言为定!"

他们两人同时笑了起来。张东东在德国工作的第一天,为自己找到了德语老师。这为他学习德语创造了有利条件,他打心眼里高兴。

4　德国联邦州如何从11个增加到16个？

咚,咚……咚,大学的研究所大楼旁边的教堂钟声响了十二下,现在是12点整,也是张东东所在的研究所工作人员吃午饭的时间。Peter对张东东说:"东东,我们到食堂吃饭去吧。"他的话音刚落,就有人在他们办公室门外喊着:"吃饭喽!"

张东东问道:"Peter,食堂离这里远吗?"

Peter回答道:"不远,只用走几分钟的路,食堂就在研究所大楼的后面。"

"那我们走吧。"

这时,在办公室外走廊上已聚集了一些同事,其中有几个是张东东在Peter陪同下见过面的,也有几个对于张东东来说还是陌生的面孔。张东东随着Peter与同事边走边聊,Peter对同事说:"我给你们介绍我们的新同事——东东。"

大家纷纷与张东东打招呼,有的说:"东东,你好!"有的点了点头,也有的招了招手。

"大家好!"张东东也给大家打招呼。

他们一行来到了食堂。现在正是吃午饭的时候,在收银处,有不少人排队准备付款。Peter领着张东东来到一个售卡机前,说道:"东东,你需要先购买饭卡再买饭,在这里把你想要购买的金额如20欧元、50欧元或者100欧元输入后,饭卡就自动落下了。"

"卡上的钱用完了可以充值吗?"

"当然,还是在这里插卡、操作。"

张东东买了饭票卡,来到了食堂大厅,他环顾四周,只见食堂虽然面积不大,但可以选择各种各样的饭菜搭配,还有饭后甜食。张东东选择了米饭、牛肉,还有一碗汤。由于他们是大学内部的职工,所以饭价要比外边来的人便宜一些。

Peter和张东东付款后端着盘子来到他们的同事坐的桌子旁边坐下。他们彼此之间交谈是用德语,张东东边吃饭,边听他们说话。虽然他不懂德语,但似乎发现什么。现在与那么多同事吃饭,又是初次见面,张东东不好意思问。他们吃完午饭回到办公室后,张东东迫不及待地问出放在心中的问题:"Peter,今天吃中饭这些同事都是德国人吗?"

"是的。"

"他们来自什么地方?"

"我来自达姆施塔特,Klaus来自汉诺威(Hannover),Thomas是慕尼黑(München)人,Lukas是汉堡(Hamburg)人,Heidi来自莱比锡(Leipzig),Mathias来自柏林(Berlin)。"

"虽然我听不懂德语,但听得出来他们带着不同的口音。"

"东东,你还说对了,我们来自不同的联邦州,口音会有些差别。"

"德国有多少个联邦州?"

"一共有16个联邦州。"

"它们叫什么?"

"1990年德国重新统一之前,除了西德的首都设在波恩之外,还有10个联邦州,它们是巴登-符腾堡州(Baden-Württemberg)、巴伐利亚州(Bayern)、萨尔州(Saarland)、莱茵兰-普法尔茨州(Rheinland-Pfalz)、黑森州(Hessen)、北莱茵-威斯特法伦州(Nordrhein-Westfalen)、下萨克森州(Niedersachsen)、石勒苏益格-荷尔斯泰因州(Schleswig-Holstein)、汉堡(Hamburg)和不来梅(Bremen)。"

"德国重新统一后,增加了哪几个联邦州?"

"统一后的德国,德国的首都从波恩移到了柏林,新增了勃兰登堡州(Brandenburg)、梅克伦堡-前波莫瑞州(Mecklenburg-Vorpommern)、萨克森州(Sachsen)、萨克森-安哈尔特州(Sachsen-Anhalt)和图林根州(Thüringen)这5个联邦州。"①

德国首都柏林(Berlin)的勃兰登堡门(Brandenburger Tor)(陶翠屏 摄)

---

① 德国联邦州名称的德汉语对照表详见附录2。

中国人在德国学德语的故事

"这么说联邦州有新老之分?"

"是的,以前的西德的联邦州被称为老联邦州,以前的东德地区被称为新联邦州。"

"汉堡和不来梅是市还是联邦州?"

"德国只有三个市作为联邦州。除了首都柏林市外,就是汉堡市和不来梅市,其他均称为联邦州。"

"什么地方的口音是德语的标准口音呢?"

"据说是汉诺威及其附近的地区。"

"我听 Thomas 的口音重。"

"他来自巴伐利亚州。"

"是不是越往南走,口音越重,越难懂?"

"东东,你才刚刚到德国,都能分辨出口音了!"

"Peter,你别夸奖我。这很简单,一比较就能听得出来。"

张东东上班的第一天,让他格外高兴。他找到了他的德语老师——Peter。毕竟不是每一个德国人都会英语。与人交往,用母语交谈会让对方有亲切感,会更容易接近他们。

张东东在德国刚生活几天,就感到不会德语多有不便。他在这里体验了与中国不同的生活方式,对德国也有了初步的认识。

5 千位分隔符是用","还是用"."?

昨晚,张东东填好了Regina给他的表格。今天早上上班时,他直接去了秘书办公室,正好Regina也在。

"早上好!Regina。"

"早上好!东东。"她紧接着问道:"你的表格填好了吗?"

"我来正是为了交表的。"

"好呀,东东,你做事真是有效率呀。"

张东东笑着从他的书包内拿出了表格,递给了Regina,转身往回走,突然传来Regina的喊声:"东东,请你等一会儿。"

"怎么了?有问题吗?"

"有点小问题。"

张东东问道:"哪里有问题?"

Regina用手指着银行账号一栏说道:"你在这一栏里填的是什么账号?"

"噢,我填的是我在中国的银行账号。"

"这可不行,这里必须是德国的银行账号。"

"可我没有德国的银行账号,那该怎么办?"

"这好办,你到市中心路易森广场(Luisenplatz),那里有好几家银行,例如德意志银行(Deutsche Bank)、邮政银行(Postbank)、储蓄银行(Sparkasse),随便哪家银行都可以。"

"好的,我下了班就去办。"

"东东,你越早交表给我,就能越早得到工作证、借书证等。"

张东东说:"知道了,谢谢!"

张东东下了班后,匆匆忙忙地直奔达姆施塔特市中心路易森广场。他找了一家银行,因为他不会说德语,银行特意找了一位会说英语的工作人员。这位银行职员问张东东:"先生,您有我们的账号吗?"

"没有。"

"您到我们这里想办什么事?"

中国人在德国学德语的故事

"我想开一个账户。"

"好呀,您有护照吗?"

"有,这是我的护照。"张东东将自己的护照递给了银行职员。银行职员复印好护照将其还给张东东,并问道:"您有住处地址吗?"

"有,地址是……"张东东在一张白纸上写下了他现在住处的地址。工作人员先看了一下,然后填好表,将表格放在张东东的面前,"张先生,请您在这里签个字。"

张东东签完字,银行职员又说:"这是您的新账号,但现在您账号上是空的,必须要在上面存点钱,哪怕只存1欧元都可以,因为我们这里有规定,账号不能是空的。"

"那我从我的中国账号转1200欧元到这个新账号上。"

"没问题。"银行职员帮张东东填好了转账单,交给张东东签字。张东东接过转账单一看,把他吓了一跳,他着急地问:"我想转账1200欧元,您怎么写成1.20欧元呢?"

"不会吧?"银行职员拿过转账单一看,用手指着这张转账单上他写的数字,"这就是1.200,00欧元嘛。"

张东东不理解地说道:"您看,您在这里应该用逗号',' 呀!"

"不对,应该是用点'.'。"

"."和","在德语数字中的使用(法兰克福股票市场DAX数据)

(来源:https://www.boerse-frankfurt.de/)

张东东与银行工作人员争论过来,争论过去,他们之间争论的焦点集中在千位分隔符是用","还是用"."上。争论到最后,两个人才明白,问题出在德语的数字表达方式与汉语的数字表达方式不同上。千位分隔符在汉语中用逗号",",而在德语中用下圆点".";小数点在汉语中用下圆点".",而在德语中则用逗号","。两国语言表达方式正好相反。这真是天壤之别,差点闹出了大误会。

第二天,张东东上班时,与 Peter 讲了昨天他在银行发生的事。Peter 告诉张东东:"你在德国生活、工作的日子还长呢,一定还会出现其他的问题或者大的误会。"

张东东笑着说:"你说得没错。昨天,好在银行工作人员既耐心又热情,否则真会争吵不休,闹出大误会。"从此以后,张东东更加细心地观察和了解德国的特点和与中国的不同之处了。

6 硬币是否还有用武之地？

达姆施塔特工业大学招待所位于达姆施塔特城市的边缘。在这附近，既没有住家，也没有超市，只有一个加油站。虽然可以在加油站购买一些日用品，但这里货物不全，品种不多，没有挑选余地，并且价格贵。

大学研究所位于城市中心。张东东今天下班早，想在市区购买一些新鲜水果和蔬菜。他走进一家超市。在超市的门口，放着好几排的小推车。许多顾客过来，往车手把中放入一个什么东西，然后推着小推车走进超市。张东东很好奇，也想推一个小推车进超市买东西，但他不知道别人放了什么东西在车手把中。这时，来了一位顾客，张东东走到小推车旁边，看这位顾客塞什么。这个人上下打量张东东，见张东东是个外国人，便知道张东东想知道什么，于是，他告诉张东东："你看，我将1欧元硬币，塞入到小推车车手把上的锁中。"听到咔嚓一响，连接前后小推车的锁链被打开了，这位顾客拉出小推车，走进超市买东西了。这个人说的是德语，虽然张东东没有听懂他说的话，但能猜出他表达的意思。张东东在身上和钱包里找了个半天，也没找着一块硬币。这时候，又来了一位顾客，他一看张东东的样子，就知道张东东想找什么，他对张东东说："这里可以用1欧元或者2欧元硬币，也可以用50分的硬币。"

使用硬币的小推车（陶翠屏　摄）

张东东摇了摇头。这位顾客从口袋里拿着一个塑料制成的小圆片,给张东东看,并解释道:"只要是圆形,厚度与1欧元、2欧元或者50分的硬币差不多,也可以。"张东东还是摇了摇头,又耸了耸肩。这位顾客看到张东东这种反应,用手指着收款处,用英语说:"这也没关系,你可以到收款处找收银员换硬币。"这次张东东终于明白了,他用英语说了一声:"谢谢!"

"不客气。"这位顾客说完,便推着小推车进了超市。

后来,按照这位顾客的建议,张东东果真在收款处换了硬币,推着小推车,进了超市,买到了东西。这是他第一次在德国到超市购物的经历。

第二天,张东东与他的同事一起吃午饭聊天时,他谈到了他昨天在超市发生的事,并说:"在中国已经很少会用到硬币了,没想到在德国,硬币还有用武之地,昨天我买东西,没有硬币就拿不到小推车。"

他的同事开始议论硬币的用场。一个人说:"在德国,不仅在超市使用推车时需要硬币,而且在停车场、汽车站等地方付停车费时也需要硬币。"

另一个人接着说:"在火车站或者高速公路休息处,要上厕所时,没有硬币也是进不去的呀。"

法兰克福(Frankfurt am Main)火车站厕所前的WC-自动售票机(陶翠屏 摄)

张东东发出自己的感慨:"没想到,在德国还有这么多的地方需要使用硬币。看来,我还得攒一些欧元硬币。"

"那是自然的,硬币还有许多用场。"

"东东,你发现没有,我们在买东西时,往往找回分币,或者5分,或者10分,它们都是硬币。"

"我还真没有注意到,在中国买东西都是直接使用手机支付,很少使用现金。"

"你想过没有,为什么要找回几个硬币呢?"

"因为大部分商品的价格都不是一个整数。"

▎中国人在德国学德语的故事

"对呀！就是因为价格不是一个整数,所以每次买东西,总会找回一些硬币。"

接着有一位同事建议道:"其实可以去掉硬币,这样可以减少金属的使用量。"

另外一位同事说:"我看直接就用电子货币,这样可以不用金属,既省材料又环保,还可以打击犯罪分子洗钱,一举三得。"

"那可是好事。"

大家点了点头,各自吃各自的饭了。

7　德语单词读与写一致吗？

自从张东东知道德语有多少个字母以后,他便开始对德语感兴趣起来,更何况现在他还有一位非常称职的德语老师——Peter。今天午休时,张东东与Peter在办公室闲聊,聊着聊着,就聊到了德语字母的读法。张东东问道:"Peter,你能告诉我德语字母表和它们的读音吗?"

Peter反问道:"东东,你还真想学德语呀?"

"当然想学。"

"那么,你先说一说,你学德语的理由吧。"

"我来德国已有一周多了,深感不会德语的不便。再说,你说德语与英语有一些共同点,我会英语,这也提高了我学德语的信心。另外,有你当我的德语老师,你经常在我身边,若我有什么问题,随时可以问,随时可以得到答案,你说这些理由还不够充分吗?"

"那倒也是,不过,你得做好吃苦的准备。"

"没问题,我不怕。"

"那好,你想学德语,就得从最基本的东西学起。"

"我也是这样想的。所以,我想从德语字母以及它们的读音开始。"

"你算是找对了学德语的入门口。我现在列一张德语字母表,并标注读音给你,你先试着读一读。"

Peter很快地列出一张表交给张东东。张东东接过表后,读了起来,Peter纠正了张东东的好几个德语字母读音。

这时,张东东突然问道:"德语单词读与写一致吗?"

"在德语中,单词的发音和拼写比较接近。但是,有一些发音规则,它可以帮助人们正确阅读不熟悉的单词。"

"都有哪些发音规则呢?"

"德语单词拼读有些复杂,在这里我粗略讲一点有关德语发音的基本规则。"

"好的。"

"它主要有三个基本规则。第一,元音长短发音规则。在德语中,所有元音

■ 中国人在德国学德语的故事

都有长短读音形式。重要的是你要清楚知道它们什么时候读长音,什么时候读短音。"

"在什么情况下元音读成长音?"

"在以下几种情况下,元音读成长音:

(1)元音 a、e 和 o 在单词中重叠,例如,Saal(大厅)、Tee(茶)、Boot(小船)。

(2) h 作为拉长读音符号时,不发音,只是表示前面的元音为长音。例如,Sohn(儿子)、Fahne(旗帜)、sehr(很,非常)、gehen(去)。

(3)读长音的字母 i 被写成 ie 或在特殊情况下写成 ieh,例如,ziehen(拉)、Wiehern(马嘶)、Sie(您,你们)、Fliege(飞)、Wiese(草地)、sieben(七)、viel(很多)。在这些组合中的 e 和 h 不发音,只有前面的元音 i 读长音。"

"哦。"

"这意味着以上这几种情况下的元音总是长音。要注意的是,并非所有长元音都被明确标记,如 Tal(山谷)中的 a 或 Rose(玫瑰)中的 o 也是长音。通常(但并非总是)如果元音后面只有一个辅音词干,则元音很长,例如,Tag(白天)中的 a、Leben(生活)中 e。"

"在什么情况下元音读成短音?"

"在通常情况下,元音后的辅音重叠,则该元音发短音,例如:Ball(球)中的 a,denn(因为)中的 e,Zimmer(房间)中的 i,Willkommen(欢迎)中的 i、o,Tunnel(隧道)中的 u,等等。"

"它们也有特例吗?"

"有的,并不是所有短元音都可以通过辅音重叠来标记,例如,单词 Fuss/Fuß(脚,足)中的 u 发音为长音,而 Fluss(河流)一词中的 u 发音为短音。在德国和奥地利,在长元音和双元音之后,ß(Eszett)表示前面的元音发长音。因为瑞士没有 ß,总是写成 ss,即使在长元音之后也是如此。"

"辅音有发音规则吗?"

"这正是我要说的第二个基本规则,辅音发音规则。不过,辅音发音规则比较复杂,等一会儿,我在网上找一找是否有合适的表格。"Peter 说完,在网上找到一张辅音发音的表格[①],"东东,你看,这张表格标明了好几个辅音发音规则。"

张东东看到字母 ch 的发音规则最多,除此以外,还有字母 h、st/sp、b、d、g、s 和 v 的辅音发音规则。他反复阅读这张德语部分辅音发音规则及举例的表格,然后感慨道:"辅音发音规则的确复杂,还要多看、多读、多练才行。"他接着问道:"第三个基本读音规则是什么?"

---

① 德语部分辅音发音规则及举例详见附录3。

"第三，没有自己字母的发音。"

"哦，还有这样的读音?"

"东东，你忘记了德语字母比英语字母要多。"

"没有忘记。"

"德语字母表除了拉丁字母表中的 26 个字母以外，还有特殊字符 ä、ö、ü 和 ß。前面已经说过，在瑞士，没有字母 ß（读音为 Eszett），那里写成 ss。"

"德语发音不是由单一符号表示的，有时是由符号的组合来表示的。例如，辅音符号 ch 、ng、sch 和双元音符号 au、ei、eu/äu。"

"也就是说，若字母有自己的音，则按字母读音，否则有另外的读法。"

"辅音 ng 代表与 enl 中的发音最相似的鼻音，如'singer（歌手）'的发音，你听不到'g'的音。äu 和 eu 发音相同，如 Häute（Haut 皮肤的复数形式），在所有其他情况下，都会写成 eu。名词 Häute 的发音与副词 heute（今天）没有区别。"

"德语单词读音需要音标吗?"

"通常不用，只要掌握了德语拼读规则就好。德语的写法与读法基本上是一致的，当然也有例外。"

Peter 从书架上拿出一本杜登（Duden）字典，随便翻到一页，拿给张东东看，"东东，你看，这上面的德语单词就没有标注国际音标。"

杜登（Duden）字典（Deutsches Universal Wörterbuch A‑Z）中德语单词的解释方式

"看来，我得好好在读音上下功夫。"

"你要掌握好读音的规则，那么听和写就容易了。"

中国人在德国学德语的故事

"谢谢你,Peter!"

"不客气。今天,我还真的当了一回德语老师了。"

这是 Peter 给张东东上的第一堂德语课。从此以后,他们之间从同事关系到师生关系,从师生关系到朋友关系,最后成为无话不说的铁哥们儿。

8　读数字 21 是从左到右，还是从右到左？

张东东到德国已经有一个多月了，他经常在市中心的超市买东西，还真不用他开口说话。他推着小推车，在超市中转了一圈，自己想要的东西放在小推车上，随后便走到收银台前，把东西放在收银台前的货物传送带上，收银员一个个扫描，每样东西的价格都会在显示屏上出现。虽然最后在显示屏上显示出合计多少欧元，但收银员总会读出顾客该付的总金额。张东东从 Peter 那里学会了 eins(1)、zwei(2)、drei(3)……zehn(10)，可不知道为什么，他总是听不清楚收银员说的是什么数字。为了弄清这个问题，张东东准备请教他的德语老师 Peter。

今天是周日，张东东邀请 Peter 到他住处，请他吃晚饭。张东东特意到亚洲超市，买了中国食材和调味料，如豆腐、小白菜、粉条、酱油、醋等。Peter 准点来到张东东的住处，看到一桌子的中国菜，用惊讶的语气问道："东东，这些菜都是你做的？"

"Peter，不是我做的，还会是谁呀？"

"你可真能干。"

"这个不是我能干，全是被生活逼出来的。"

"你这话是什么意思？"

"在结婚之前，我从来没做过饭。结婚之后，又有了孩子，我们夫妻二人都要上班。谁先下班到家，谁做饭。若我不做饭，不是我一个人没有吃的，而是全家都要挨饿。所以，我努力学做饭，不断改进我的厨艺。你说，这不是逼出来的，是什么？"

"人有时需要逼呀！我也想学两手，做几道像这样好吃的菜。"

张东东很爽快地说："这没有问题，我收下你这个徒弟。"接着话锋一转，"不过，你得先当好我的德语老师。"

"看来，今天你请我吃饭是有目的的。"

"我的确有一事相求。"

"有什么事，尽管说吧。"

"前一段日子，你曾教我数字 1～10，我都会了，也能听懂，但我在超市买东

> 中国人在德国学德语的故事

西时,总是听不懂收银员报的最后几位数。"

"哦,这好办,今天我再教你数字11~100的读法规则。请拿给我一张纸,我现在写给你看。"

"好呀。"张东东拿来了纸和笔。Peter接过来,画出了一张表格(见表8-1),他边画边说:"学德语读数字得用巧办法。"

"什么巧办法?"

"你看,在这张表中,你只需要记住从0到12的数字,因为它们没有规律。其余数字是有规律可循的,你只要掌握了这些规律,就容易记了。"

表8-1　0~129德语数字读写法举例①

数字	德语	数字	德语	数字	德语	数字	德语
0	null	10	**zehn**	100	einhundert	20	zwanzig
1	*eins*	11	*elf*	10	zehn	21	ein**und**zwanzig
2	zwei	12	*zwölf*	20	*zwan***zig**	32	zwei**und**dreißig
3	drei	13	drei**zehn**	30	*drei*ßig	43	drei**und**vierzig
4	vier	14	vier**zehn**	40	vier**zig**	54	vier**und**fünfzig
5	fünf	15	fünf**zehn**	50	fünf**zig**	65	fünf**und**sechzig
6	sech*s*	16	*sech***zehn**	60	sech**zig**	76	sechs**und**siebzig
7	sieb*en*	17	sieb**zehn**	70	sieb**zig**	87	sieben**und**achtzig
8	acht	18	acht**zehn**	80	acht**zig**	98	acht**und**neunzig
9	neun	19	neun**zehn**	90	neun**zig**	129	einhundertneun**und**zwanzig

张东东接过这张表,仔细看了一下,然后问道:"用斜体标注的数字是何意?"

"用斜体标注的数字表示例外情况。"

Peter停了一会儿,问张东东:"你能在这张表中找出它们的规律吗?"

"从用粗体标注的数字来看,数字13~19是由个位数+'zehn'所组成的,这里的个位 sech**s**(6)要去掉 s,sieb**en**(7)要去掉 en,然后再加上后缀-zehn。"

"不错,能举个例子吗?"

"例如,drei**zehn**(13)、acht**zehn**(18)。"

"那数字 20,30,…,80,90 呢?"

"大多数个位数加上后缀-zig,便上升为两位数,对吗?"

---

① 德语基数词举例详见附录4。

"对的,在这里 zwanzig(20)和 dreißig(30)属于特例,剩下的整十数 40～90 是由个位数 ＋'-zig'构成,如 vier**zig**(40)、neun**zig**(90)。不过这里的个位 sechs(6)要去掉 s,sieben(7)要去掉 en,然后再加上后缀-zig。"

"从 21 到 129 的这一列数字可真奇怪。"

"奇怪在哪儿?"

"例如,数字 21 用德语读是 ein**und**zwanzig,它不是从数字的左到右,而是从右到左,这不符合通常的从大到小的规则。"

"在说德语的地区,数字总是先说个位,再说十位,在个位和十位中间用'und'(和)连接。打个比方,数字 129,英语是从左到右顺着说,one hundred and twenty-nine(一百二十九),而德语说和写都是 ein hundert neun **und** zwanzig,这里的 zwanzig(二十)放在最后,neun(九)放在它们的连接词'und'之前。"

"这的确很特别,难怪我每次听数字,听到后面就给弄糊涂了。"

"为了让你容易分辨数字的组合,我刚刚在说数字时做了停顿,相当于书写时空了一格,一般应为 einhundertneun**und**zwanzig。"

"德语的读写法可真长呀!"

"是的。不过,有时,特别是在口语中,连接词'und'可以省去。例如,22 可以读成 zweizwanzig。"

"现在我明白我总是听不明白最后两位数字的原因了。"

"所以,你要特别注意,德语数字读法与写法必须先是个位,然后是十位。"

"明白了。"

"你看,这是不是很容易?"

"你列的表格和详细的解释,对我理解德语数字还真有帮助。我已经会背数字 1～10,现在还得熟悉 11 以上数字的读法和规律。"

"很高兴我的讲解对你有帮助。"

"是的,很有帮助,谢谢你!"

"不客气,我在你这里吃了一顿这么好的中国菜,就算你答谢我了。"

"这不值一提,我……"

"嗨,你要是还有问题的话,请你现在不要再提了,等下一次请我吃饭的时候,再提也不迟。"

"好啊! 一言为定。"

"来,击掌为定。"

两人举手击掌,而后举着酒杯,滔滔不绝地继续聊了起来,不知不觉到了晚上 11 点多,Peter 意犹未尽地起身告辞了。

9　打招呼的问候语与什么有关?

张东东刚来到德国时,常用英语与别人交流,现在慢慢地开始用德语了。为了不仅能让对方听得懂,还能准确表达,他不时请教他的德语老师 Peter。今天,张东东向 Peter 请教了如何用德语打招呼的问题。

Peter 说:"在德国,与人打招呼,用'Hello!'总是不会有错的。"

"但我总觉得这不太礼貌。英语比较简单,说'早上好''下午好'即可。德国人是如何表达的呢?"

"若要更正确表达打招呼的问候语的话,就要看说话的时间。"

"一天不就是早、中、晚吗?"

"但如何规定早、中、晚每个国家和地区是不同的。"

"德国是如何规定早、中、晚呢?"

"德国没有统一规定的时间,但在法律基础上,每个企业有自己统一规定的工作时间。"

"哦。"

"时间划分有许多不同的说法。由于德国使用冬夏不同时令制,所以,一般来说,时间按夏令时和冬令时来划分是不同的。"

"什么时候转成夏令时?"

"每年的三月的最后一个星期日更改成夏令时,时钟拨快一小时,从凌晨2:00 调到凌晨3:00。2022 年的时间更改是在 3 月 27 日这个星期日发生。"

"什么时候又改回冬令时?"

"每年的十月的最后一个星期日更改成冬令时,时钟拨回一小时,从凌晨3:00 调回到凌晨2:00。2022 年的时间更改是在 10 月 30 日这个星期日发生。"

Peter 在一张纸上写下早、中、晚的时间划分,并说:"我画一张时间划分表,给你作为参考。"

冬令时时间(正常时间):
- 早上:6 点到 10 点

- 上午:10 点至 12 点
- 中午:12 点至 14 点
- 下午:14 点到 17 点
- 晚上:17 点至 21 点
- 夜间:21 点至 6 点。

夏令时时间:
- 早上:7 点到 11 点
- 上午:11 点至 13 点
- 中午:13 点至 15 点
- 下午:15 点到 18 点
- 晚上:18 点至 22 点
- 夜间:22 点至 7 点。

张东东一看,"德国时间划分真够详细的,体现了德国人严谨的性格特点。"

"与英语相比,德语除了要复杂一些,很多地方也略有不同。"

"有哪些不同?"

"例如,现在是冬令时,早上 6 点到 10 点,与人打招呼可以说'Guten Morgen!'(早上好!)"

"那下午呢?"

"德语在问候语上,不像英语那样,说'Good afternoon!'而是说'Guten Tag!'(你好!您好!)"

"那其他的时间便是'Guten Abend!'(晚上好!)"

"是也不是。"

"这是什么意思?"

"通常,晚上指的是 17/18 点到 21/22 点,21/22 点至凌晨 6/7 点为夜间。"

"这么说,21/22 点至凌晨 6/7 点,与人打招呼可以说'Gute Nacht!'"

"不可以。"

"为什么?"

"'Gute Nacht!'指的是晚安,当在你上床准备睡觉时才说,在大街上见面时不会说的。"

"这比英语要复杂得多。"

"不过,也有最简单的方法。"

"Peter,你快说呀!"

"那就是:5 点到 11 点的时间内说'Guten Morgen!',11 点到 18 点的时间

中国人在德国学德语的故事

内说'Guten Tag!',18点到22点的时间内说'Guten Abend!'。"

"这就简单多了。"

"另外,欧盟曾想废除夏冬时令转换制。"

"这肯定会有人反对,有人支持。"

"不管我们喜不喜欢,时钟每年都要变更两次:三月最后1个星期日提前1小时,十月最后1个星期日又退回1小时。"

"欧盟用什么办法来决定呢?"

"2018年,欧盟委员会就这一主题对公民进行了调查。在非代表咨询中,84%的人投票赞成结束夏令时和冬令时之间的转换。这次调查共有460万人参加,其中三分之二来自德国。"

"后来呢?"

"2019年,欧盟议会批准了欧盟委员会关于在2021年废除这一转变的提议。"

"现在是否已经更改?"

"从那以后,没有发生任何变化。"

"为什么?"

"因为欧盟国家存在一个问题:各国必须确定他们想要永久使用夏令时还是冬令时。可到目前为止,欧盟理事会中的各国政府还没有找到共同的立场。"

"那就是说今年三月底要换夏令时了。"

"这是肯定的。我估计这种转换至少会持续到2026年底。"

"谢谢你,Peter!"

张东东今天的德语问题,他的老师Peter解释得清清楚楚,张东东由此掌握了有关德国是如何规定早、中、晚和时间转换等的信息。

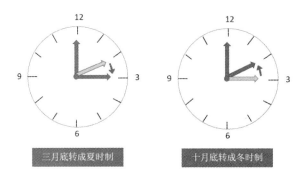

德国夏令时和冬令时的时间变化(陶翠屏　绘制)

10　达姆施塔特的地标是什么建筑？

自从张东东来到达姆施塔特以后，他每天乘公交车上班，沿途经过许多车站。当公交车路过一个小山包时，张东东能从公交车的窗户看到远处一座奇特的建筑，慢慢地他对这座建筑产生了好奇心。

这一天，上班后，他一见到 Peter，便问道："我每天乘公交车，路过一座很高的塔，它坐落在山坡上。这是什么建筑呀？"

"你指的是什么塔？"

"因为我在公交车上，没看清楚是什么。但从远处看，它有 5 个尖顶。"

"哦，这是婚礼塔，它位于马蒂尔登赫(Mathildenhöhe)。"

"为什么叫婚礼塔？"

"婚礼塔的名字可以追溯到 1905 年。那年要举行 Ernst Ludwig 大公 (1868—1937) 和 Eleonore zu Solms-Hohensolms-Lich 公主(1871—1899)的婚礼。在他们宣布订婚后，大公咨询了来自维也纳的建筑师 Josef Maria Olbrich (1867—1908)。夫妻二人均对'建造一个从远处可以看见的标志'这一建议赞不绝口，达姆施塔特这座城市也希望用一个标志来纪念这一事件。"

"婚礼塔是什么时候建的呢？"

"这座 48.5 米高的塔楼由建筑师 Josef Maria Olbrich 设计，1907—1908 年由城市建筑部门建造。"

"从远处可以看到很有特色的 5 个尖顶。"

"这 5 个尖顶看似五指，所以它也被称为五指塔。"

"的确像五指。婚礼塔的建筑一定很有讲究。"

"当然啦！塔由塔身、设计时尚的飘带窗和五尖顶冠组成。塔身有多层底座，并用深红色熟料砖砌成。"

"正门在什么方向？"

"正门位于塔的西侧，它与梧桐树林相邻。入口处的上方有 4 个半裸的女性的浮雕，在浮雕上刻有'Zum Gedächtnis der Vermählung J. J. K. K. H. H. des Großherzogs Ernst Ludwig und der Großherzogin Eleonore errichtet von der

中国人在德国学德语的故事

Stadt Darmstadt，anno 1907/08'①。"

"入门大厅内有什么？"

"入口大厅有两个巨大的马赛克墙。每面墙上各有一幅画，一幅描绘了大公统治蓝天的寓言，画面是树梢前站着一个长着翅膀的雌性生物，在其脚下的石碑上写着'Ernst Ludwig Eleonore'。另一幅画是一对年轻夫妇在金色星星下，在由蓝色背景衬托中彼此亲吻。巨大的白金羽翼从恋人身上伸展开，形成一个燃烧的欧米茄。"

"塔身还有什么特殊之处呢？"

"在塔身的南侧，在窗户上方嵌着一个大日晷。阳光照射到数字上，这些数字被十二星座框住，前面是蓝色玻璃马赛克饰带和金色星星。"

"在塔身的北侧有什么？"

"在塔身的北侧挂有金色的塔钟，从远处可以看到。构成数字和指针时圈的区域由3个装饰性圆拱支撑。它们象征着信仰、爱和希望。"

"那内部装饰呢？"

"塔楼分为7层，它们有不同高度和用途。1909年5月15日，婚房和王子房落成。"

"婚礼室在哪里？"

"在五楼是大公夫人的房间（Zimmer der Großherzogin），它也被称为婚礼室（Hochzeitszimmer），用榆木镶板墙壁，由 Philipp Otto Schäfer 绘制壁画，代表了新文艺复兴风格。"

"房间有多高？"

"房间有4.40米高，天花板用平坦的镀金灰泥覆盖。这里的一切均由 August Freiherr von Oetinger 捐赠。"

"没想到达姆施塔特还有这样的历史和文物。"

"2021年7月24日，联合国教科文组织宣布马蒂尔登赫为世界文化遗产，婚礼塔属于其中的一部分。"

"这个周末，我要去看一看这个世界文化遗产。"

"它是值得去参观的地方。你打算什么时候去？"

"我想找个周末去，你去过吗？"

"我当然去过，不知去过多少次了。每次去都能发现新的东西。"

"这个地方我一定要去参观的，到时我会给你讲讲我的感受。"

---

① 中译文是"为了纪念 J. J. K. K. H. H. 大公 Ernst Ludwig 和大公夫人 Eleonore 的婚姻，由达姆施塔特市于公元1907—1908年建造"。

10 达姆施塔特的地标是什么建筑？

"好呀！"

"不过，我还有一个问题，达姆施塔特的地标是什么建筑？"

"达姆施塔特的地标就是五指塔。"

这时，Thomas 来到 Peter 和张东东的办公室，喊着："现在 10 点都过了 5 分了，开会啦。"

"你看，我们讨论得太入神了，把开会的事都给忘记了。"

"我们快走吧！"

三人一起奔向会议室。

五指塔的外景（陶翠屏 摄）

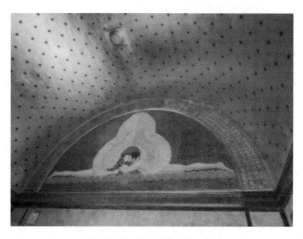

五指塔入口厅（陶翠屏 摄）

中国人在德国学德语的故事

五指塔中的婚礼室(陶翠屏 摄)

11 如何用"vor"和"nach"来回答几点钟?

这一天早上,张东东像往常一样,乘公共汽车到市区中心上班。他刚下车就听到后面传来声音:"Hallo, wie spät ist es jetzt?(你好,现在几点钟?)"张东东没在意,他想,在这里既不认识什么人,又不懂德国人说什么,他继续往前走,准备去研究所上班。没想到,一个小伙子突然跳到了他的面前,"Hallo!"这时,张东东认出这位小伙子,是刚才在车上坐在他旁边的那位中学生,他回了一声:"Hallo!"

这位中学生又重复了一遍:"Hallo, wie spät ist es jetzt?"

现在张东东才知道,这位陌生人是跟他说话,他不由自主地用英语回答道:"Sorry, I can't speak German.(抱歉,我不会说德语。)"

这位小伙子指着张东东的手表,用英语问道:"What time is it now?"

张东东才恍然大悟,原来这位小伙子想知道现在几点钟。张东东抬起手,指给他看。小伙子凑近看了张东东的手表,说了声:"Thank you!"转身跑步离开。

张东东从来没有想到,在这里会有人找他问时间。因为他常戴手表,不用去问别人。但这件事使他联想到一个问题。我不问别人,可别人还会问我呀。我不懂德语,帮不了别人的忙。他边走边想,若要知道德语怎么问,又如何回答,那该多好呀。走着走着,快要到研究所大楼前,他又听到背后有人在喊:"东东,东东。"

张东东转身一看,是 Regina,"Regina,早上好。"

"早上好,东东,你在干什么呀?我叫你好几声了。"

"Sorry,我在想问题。"

"什么问题让你思想这么集中?"

"对了,这个问题我可以向你请教。"

"什么问题?"

"怎么用德语问时间?又如何回答呢?"

"你不是戴着手表,还用问吗?"

"说不定哪一天没带,告诉我怎么问嘛。"

■ 中国人在德国学德语的故事

　　Regina 说:"这句话很简单,wie spät ist es?"
　　"Regina,你再慢慢地重复一遍。"
　　"Wie spät ist es?"Regina 一个音一个音慢慢地重复了一遍。张东东也慢慢地跟着读。随后,张东东又问道:"那么,如何回答呢?"
　　"说起来也简单,你会 1 至 60 的数字吗?"
　　"上次,Peter 给我解释了 1 至 100 的读法,现在我能读一些,但还不够熟练。"
　　"那就可以了,现在是 8 点钟,你怎样回答?"
　　"Acht."
　　"可以呀,不过要在后面加上'Uhr'。"
　　"哦,acht Uhr。那么 8 点 08 分怎么说?"
　　"acht Uhr acht,或者 acht Uhr und acht Minuten,前者是口语形式,后者是标准形式。"
　　"也就是说,先说小时,后说分钟,与英语一样。"
　　"你说得对。你要仔细听广播电台和电视台报时间,他们都是按标准形式给出时间的,与在口语交流中,有所不同。"
　　"一刻钟、半个小时有专门的德国单词吗?"
　　"有。一刻钟为 1 小时的 $\frac{1}{4}$,所以是'Viertel';半小时是 1 小时的一半,即为'halb'。"
　　"你能再举几个例子吗?"
　　"例如:8 点 15 分为'Es ist Viertel nach acht',8 点 45 分为'Es ist Viertel vor neun'。"
　　"半个小时呢?"
　　"在'halb'后面加上下个整小时的数字,例如 8 点 30 分就是'Es ist halb neun'。"
　　"什么时候用'vor'和'nach'?"
　　Regina 随手拿出纸和笔,在上面画的一个圆圈,并在上面标注了"vor"和"nach",这是德语时间读法中使用"vor"和"nach"的示意图(见下图),Regina 解释说:"你看,以 0 分钟为准,右边用'nach',左边用'vor';若以 30 分钟为准,右边用'vor',左边用'nach'。"
　　张东东拿着这张示意图看了一会儿,得出了一个结论:"无论是 0 分钟还是 30 分钟,只要进入就用'vor',离开就用'nach'。"
　　Regina 点了点头,说:"你总结得不错,我再举几个例子,8 点 25 分为'Es ist

fünf（Minuten）vor halb neun',8 点 35 分为'Es ist fünf（Minuten）nach halb neun'。"

"Regina,你讲解得很好,你解释了许多,我得好好想一想,慢慢地去消化它。"

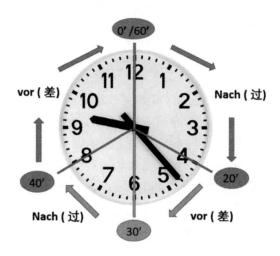

德语时间读法中使用"vor"(差)和"nach"(过)的示意图(陶翠屏　绘制)

"东东,不用着急,学语言要慢慢来。"

"好的,用了你不少时间,谢谢!"

"不客气。现在我们已经到办公室门口了。"

"等会见。"

"等会见。"

Regina 进了她的办公室,张东东望着她的背影,有这么好的同事,这么有耐心地教他学德语,他心里热乎乎的。

12　怎样将基数词演变成为序数词？

今天早上，张东东一进办公室，就看见他的办公桌上放着一封信，Peter紧接着也进来了，便说："东东，你有信呀，从什么地方来的？"

"Peter，我也是刚进门，还没有看。"

张东东拿起信，打开一看，写的全是德语，虽然张东东认识了一些德语单词，但要看懂这封信，还远远不够，他对Peter说："这好像是医疗保险公司寄来的。"

"写的什么？"

"全是德语，我只认识几个单词。"

"东东，若不介意，我帮你看看。"

张东东把信递给了Peter，Peter看了一眼，说："没有什么重要内容，全是广告。"然后又问道："东东，你看到门前的布告了吗？"

"Peter，你知道我不太懂德语。"

"对不起，我都忘记了。走，我带你去看看，说不定你能学会认几个德语单词。"

张东东高兴地说："好啊！"然后又说："现在是老师考学生的时候了。"

Peter笑了起来。他们俩走出办公室，来到布告栏前，上面贴着一张大布告。张东东认真地看了看，想了想，"25号上午9点30分开会，是吗？"

"对呀，会议是什么内容？"

"什么内容我还没有看明白，你会告诉我的，不过我现在有一个问题想请教。"

"什么问题？"

"日期①如何用德语表达？"

"你指的是什么样的表达？"

"用德语如何写？"

"德语日期的写法是从小到大。"

---

① 德语日期及举例详见附录5

"也就是说按日、月、年的顺序。"

"对的,德语是 Tag. Monat. Jahr（日. 月. 年），这种格式有时也写成：TT. MM. JJJJ。"

"最好举个例子。"

"例如,今天是 2022 年 3 月 31 日,德语写为'31. 03. 2022'或者'31. März 2022'。"

"德语的月份有专门的单词吧。"

"是的。"

"它们是怎样读和写呢？"

Peter 画出了一张表格,上面是德语月份名称以及缩写(见表 12-1)。

表 12-1 德语月份名称以及缩写

月份	名称	缩写	月份	名称	缩写
一月	Januar	Jan.	七月	Juli	Jul.
二月	Februar	Feb.	八月	August	Aug.
三月	März	Mär.	九月	September	Sep.
四月	April	Apr.	十月	Oktober	Okt.
五月	Mai	Mai.	十一月	November	Nov.
六月	Juni	Jun.	十二月	Dezember	Dez.

张东东将它与英语月份比较,倒是找出了一些相似之处,他接着问："用德语怎样读日期呢？"

"就拿前面这个例子来说,用德语写为'31. 03. 2022',但读成 der einunddreißigst dritte zwei**tausend**zwei**und**zwanzig,若德语写为'31. März 2022'的话,则要读成 der einunddreißigst März zwei**tausend**zwei**und**zwanzig 。"

"这里的日和月用的不是以前学的基数。"

"不错,你听出了不同。"

"它们与基数有什么差别？"

"这里的数字称为序数,它们与英语一样,是用来表示顺序的数字,也就是表示事物在序列中所处的位置,回答的问题是 der wieviete?（第几？）"

"序数与基数有联系吗？"

"序数词是从基数词演变而来的。"

"它们之间的变化有规律吗？"

"除了第 1(der erste)和第 3(der dritte)外,从第 2 到第 19 均为基数词

中国人在德国学德语的故事

＋'-te',从第20起,基数词＋'-ste'。不过,一定要注意,在表示日期时,序数词①前面必须要有定冠词 der。"

"看来,基数词真是最基本的数词。"

Peter 又画了一张有关德语序数词的读/写法举例的表格,他边画边说,"你说得没错,你得好好背一背1至12的基数词。"

张东东看着 Peter 画完表格,接过表格,边看边说,"我今天晚上,我得好好地看一看你的这张图,再巩固一下基数词。"

"好呀,明天我可要考一考你了。"

张东东点了点头,他心里想,我得努力,不能让我的德语老师失望呀。

---

① 德语序数词举例详见附录6。

13 如何用德语读分数"$\frac{2}{3}$"?

第二天早上,张东东很早就来到了办公室。8点整,Peter 来上班时,张东东已经在那里等候他的"考官"了。

"早上好,东东!"Peter 给张东东打招呼。

张东东也说:"早上好,Peter!"

"东东,你今天来得早呀。"

"当然喽,我得在老师来之前到嘛。"

"哦,为什么?"

"Peter,难道你忘记了吗? 昨天你说,今天要考我这个学生,我必须在老师之前到嘛,这是礼貌呀。"

"我没有忘。你来自东方礼仪之国,懂礼貌,一点也不假。"

"老师,我已经准备好了,请老师提问吧!"

"好的,你先说出德语 1~12 的数字。"

"基数词还是序数词?"

Peter 睁大眼睛,看着张东东,"先说基数词 1~12。"

张东东用笔边写,嘴巴边说:"eins、zwei、drei……zehn、elf、zwölf。"

Peter 在这张纸上写下:"第1、第2、第3、第11、第15、第23、第45",并说道:"然后说序数词。"说完便把这张纸交给张东东。张东东边读边写道:"erste、zweite、dritte、elfte、fünfzehn**te**、drei**und**zwanzig**ste**、fünf**und**vierzig**ste**。"

Peter 拿过张东东手上的纸,看了一遍,脸上露出笑容,说:"很好。"

张东东也笑着说:"是老师教得好。"

Peter 接着说:"学生努力,学得好。"

"承蒙老师夸奖,不过,我还有一个问题。"

"有问题,尽管提。"

"你给我讲解过基数词、序数词,那么如何用德语读分数呢?"

"你现在知道了基数词和序数词,分数就简单多了。"

"为什么?"

中国人在德国学德语的故事

"因为它是由基数词和序数词组成的。分数表示整体的一部分,它是由分子和分母组成,即分子/分母。"

"分子和分母用什么样的数词呢?"

"分子用基数词,分母由序数词+后缀-l组成。"

"举几个例子吧,这样容易理解。"

"例如,$\frac{2}{3}$为'zwei drittel',$\frac{3}{10}$为'drei zehntel',$\frac{8}{20}$为'acht zwanzigstel',$\frac{11}{100}$为'elf hundertstel'。"

"那$\frac{1}{2}$呢?"

"$\frac{1}{2}$为'ein halb',这是一个特例。"

"$1\frac{1}{2}$呢?"

"eineinhalb。"

"这里的1与后面的一半一定要连在一起写吗?"

"是的,当一个数字后面有一半,那么这一个'半'要与前面数字一起写,例如:$2\frac{1}{2}$为'zweieinhalb',$3\frac{1}{2}$为'dreieinhalb'。"

"我明白了。"

"东东,你接受东西很快呀。"

"过奖了,这是因为我常常将德语与英语相比较,它们之间在有些地方有相似之处。"

"有比较,就会有鉴别,就容易找出不同点。"

"你说得对,谢谢老师!"

"不用客气!"

"今天晚上我还得好好看一看,练习练习。"

于是,他们两人开始忙各自的工作了。

14　达姆施塔特为何有俄罗斯教堂？

寒冷的冬天过去了，迎来了阳光明媚的春天。春天是万物更新的季节，张东东想到外面转一转，看一看达姆施塔特有什么特别的建筑物和地方。张东东决定这个周末去参观五指塔。

今天，张东东终于来到了五指塔，一口气爬上了五指塔顶层。他站在顶层，不仅看得很远，而且看得一清二楚。西面是达姆施塔特中心的路易森广场（Luisenplatz），东面是玫瑰园（Park Rosenhöhe），南边是达姆施塔特工业大学（TU Darmstadt）的光之草地（Lichtwiese）校区，北面是法兰克福，那里的高楼大厦也能看得见。

达姆施塔特（Darmstadt）的俄罗斯教堂、五指塔和在五指塔旁边的展览馆（陶翠屏　摄）

在爬楼的过程中，透过玻璃，张东东看到第4层的王公房间——"Fürstenzimmer"，第5层的婚礼室——"Zimmer der Großherzogin"。五指塔的入口处、外景和内饰与Peter给他描述的几乎一模一样。张东东一边从五指塔顶层下楼梯，一边从玻璃窗观望外面，从塔内看见塔外旁边有一座金碧辉煌的

中国人在德国学德语的故事

建筑物。他一出五指塔大门,就往左拐,直奔这座金碧辉煌的建筑物去了。从外形看,这座建筑物具有俄罗斯的建筑风格。在那里还有不少人在入口排队,张东东想,这里一定值得进去看一看,于是他也排着队进去了。到里面一看,他才知道这是一座俄罗斯教堂。

要说俄罗斯教堂,不得不提 Ernst Ludwig 大公的家庭。Ernst Ludwig 大公的母亲是英国维多利亚女王的女儿,婚前名为 Alice von Großbritannien und Irland 公主(大不列颠及爱尔兰爱丽丝公主,1843—1878)。Ernst Ludwig 大公的一个妹妹嫁给了俄罗斯末代沙皇 Nikolaus Ⅱ.(尼古拉二世,1868—1918)。1894 年,这位维多利亚女王的外孙女 Alix von Hessen-Darmstadt(1872—1918)与沙皇 Nikolaus Ⅱ. 结婚后,皈依了俄罗斯东正教,改名为 Alexandra Fjodorowna。为了方便皇室的访问,根据 Leontij N. Benois(1856—1928)的计划,达姆施塔特建造了这座教堂,艺术装饰由象征主义画家和前卫艺术家 Victor Vasnezov(1848—1926)设计。该设计于 1897 年计划建造,1899 年完工。

这座俄罗斯教堂位于达姆施塔特的 Mathildenhöhe 的中央,是一座装饰华丽的建筑。大约于 1899 年,也就是俄罗斯教堂建成那一年,一个艺术聚集地也在 Mathildenhöhe 建立和发展起来,慢慢地在 Mathildenhöhe 形成了艺术家聚居地。随后,这里举行过四次艺术展览,因而在 Mathildenhöhe 留下了不少有历史背景的建筑物,如展览馆(Ausstellungsgebäude)、园亭(Gartenpavillon,也称 Schwanentempel 天鹅庙)、Ernst Ludwig 故居(Ernst Ludwig-Haus)、Olbrich 故居(Haus Olbrich)等。

达姆施塔特(Darmstadt)的俄罗斯教堂的入口处(陶翠屏 摄)

在回家的路上，张东东还看到在一些房屋外面和玻璃上都挂着彩蛋，但他不知道有何意义。

第二天，张东东上班，他与 Peter 聊着他周末去五指塔的事，同时还讲述了参观俄罗斯教堂的经过，最后他问 Peter："为什么现在到处都用彩蛋和兔子来修饰门厅前后院呢？"

"这是因为彩蛋、兔子都是复活节的吉祥物。"

"那就是说，快到复活节了。"

"对呀！"

"哪一天是复活节？"

"再下个星期天。"

"复活节有固定的日期吗？"

"复活节没有固定的日期。"

"为什么？"

"这是因为复活节的日期与月亮有关。"

"复活节的日期是怎么计算呢？"

"复活节的日期由三个因素所决定。"

"哪三个因素？"

"第一，必须在春天开始之后，即今年在公历 3 月 20 日（Frühlingsanfang）之后。"

"哦。"

"这第二嘛，必须在满月之后，这就与月亮挂上钩了。"

"那第三个因素是什么？"

"第三个因素是，必须在满月之后的第一个星期日。"

"这还挺复杂的。"

"听起来有点复杂，但可以用一句话简单总结出来，那就是，在每年春分月圆之后的第一个星期日，就是复活节的第一天。复活节有两天，复活节星期日（Ostersonntag）和复活节星期一（Ostermontag）。"

"这么说，再下个周末就要放假了。"

"对呀，东东，你有什么打算？"

"现在我还没有想到那么远了，你呢？"

"我与你一样。"

说完，两人哈哈同时大笑起来。

▌中国人在德国学德语的故事

达姆施塔特(Darmstadt)俄罗斯教堂旁边的园亭(Gartenpavillon)(陶翠屏　摄)

15 科德宝城堡是个什么样的博物馆？

这天早上，张东东来上班，就看见 Regina 在四处张罗着，她跟随张东东走进办公室。

Regina 走进张东东的办公室，问道："东东，下周五所里组织去科德宝城堡(Schloss Freudenberg)，你想去吗？"

张东东问道："科德宝城堡在哪里？"

"它在威斯巴登(Wiesbaden)，那里很好玩。"

"你去过吗？"

"我与家人去过多次，我们一家人都喜欢那里。"

"那我报名去。"

话音刚落，Peter 走进办公室，对 Regina 说："我也报名去。"

Regina 问 Peter："你知道我们去什么地方吗？"

"我已听其他同事说了，去科德宝城堡。"

"那好，你们两位都报名。"说完，Regina 便去其他人的办公室了。

刚才，张东东听 Regina 说，科德宝城堡那里很好玩，现在他还想听一听 Peter 的看法，于是，他问："Peter，你去过科德宝城堡吗？"

"我去过，那里可好玩了。"

"你说说，有什么好玩的东西。"

"妙处不可透露，现在还不能说，否则你得不到真实的体验效果了。"

"哦，还这么神秘呀！"

"到时候你会知道的。"

时间过得真快，一周过去了，到了周五下午，研究所里的同事乘坐租来的轿车，去科德宝城堡。

科德宝城堡位于威斯巴登的西面，离达姆施塔特大约有 50 千米。张东东所在的研究所每年组织一次郊游，今年他们选择了科德宝城堡。在车上，张东东很好奇，不断地询问 Peter 有关科德宝城堡的信息。

"Peter，科德宝城堡是什么时候开始建的？"

中国人在德国学德语的故事

"大约在 1904 年至 1905 年之间。"

"谁设计的呢?"

"建筑师是 Paul Schultze-Naumburg(1869—1949),主人是英格兰画家 James Pitcairn-Knowles(1863—1954)和法国人 Marie Eugénie Victoire Guérinet(1870—1959)。"

"他们是一对夫妇吗?"

"是的,这对夫妇在这个城堡只住了 3 年,到 1908 年。"

" Schloss Freudenberg 是什么样的建筑风格?"

"由于主人是英格兰人,科德宝城堡以新古典主义风格建造了这座城堡。"

"后来呢?"

"第一次世界大战后,这座城堡被改造成了法国军队的军官食堂,随后成为威斯巴登皇宫酒店的避暑别墅。第二次世界大战后,它由美国武装部队运营。"

"现在怎么变成了博物馆呢?"

"从 1984 年起,这座建筑空荡荡,年久失修。1990 年,威斯巴登市收购了该物业。1993 年,它被移交给非营利性协会'Gesellschaft Natur und Kunst',目的是让科德宝城堡成为艺术发展的场所,成为一个能激发人所有感官的永久性展览馆。"

一个小时之后,轿车停在了科德宝城堡停车场。大家下了车,看见这栋城堡真是不同于其他的博物馆,这里的入口处挂着一张牌子,上面写着:"Erfahrungsfeld zur Entfaltung der Sinne und des Denkens"[①]。这一下子吸引了参观者的眼球,让大家对这里产生了兴趣。

大家从进一个房间走到另一个房间,他们既是观察者,也是实验者。博物馆管理员邀请参观者亲自探索和体验,如自己的眼睛如何看,自己的耳朵怎样听,自己的手有什么感觉,体会站立、步行,感觉太阳和火的温暖,水的移动,物体的重力落下或者轻轻地升起……

科德宝城堡的核心是一个永久性展览馆,即"开发感官和思维的体验场"。100 多个体验场所分门别类地介绍了各种自然现象,如平衡、重力、光与暗、声音和共振。无论男女老少,所有参观者亲身体验后,都深觉体会之深,感受之真,个个都喜欢。

在回达姆施塔特的路上,张东东对 Peter 说:"Peter,你说得对! 只有自己亲身体会,才知道什么是真实的体验。"

[①] "Erfahrungsfeld zur Entfaltung der Sinne und des Denkens"中译文为"开发感官和思维的经验领域"。

"看来,科德宝城堡对你也起到了作用。"

"我想,每个人都会有深刻的感受的,只是感受不同而已。"

一路上,张东东就在想,这些实验看起来虽然很简单,但却给人留下了深刻的印象,对人的感觉和思维发展也有一定的促进作用。

16　德国有两个法兰克福吗?

张东东所在的研究所要来一位新同事,教授早就在三周前开会时提到过。这一天,Regina 领着一位年轻的小伙子,来到了张东东和 Peter 的办公室。Regina 对他们俩说:"我给你们介绍一位新同事,这是 Dirk,这位是……"

Peter 主动上前,并伸出手来,自我介绍说:"你好,Dirk,我叫 Peter。"

Dirk 也伸出了手,说:"Peter,你好!"

张东东也上前,自我介绍说:"Dirk,你好! 我叫东东。"

"你好,东东! 你来自哪个国家?"

"我来自中国。"

"中国的哪个城市呢?"

"来自北京,你呢?"

"我来自法兰克福。"

法兰克福(Frankfurt am Main)火车站(陶翠屏　摄)

"法兰克福……那你是 Peter 的老乡呀。"

Dirk 转过头,问 Peter:"你是哪里人?"

Peter 马上回答道:"我是达姆施塔特人。"

Dirk 接着说:"东东,你弄错了,我与 Peter 不是老乡。"

"为什么？你们不都是来自黑森州吗？"

"不对，我来自勃兰登堡州(Brandenburg)。"

"你不是来自法兰克福吗？"

Peter 追问道："东东，你不知道德国有两个法兰克福？"

"怎么德国还有两个法兰克福？"

"在东西德统一之前，西德有一个法兰克福，东德也有一个法兰克福。自从1990年德国统一之后，自然就有两个。"

"哦。"

"西边的法兰克福，位于莱茵河畔，全称为美因河畔法兰克福(Frankfurt am Main)，简称法兰克福，它离达姆施塔特不远；东边的法兰克福位于奥得河畔，它是与波兰交界的城市，全名为奥得河畔法兰克福[Frankfurt（Oder）]，简称法兰克福(奥得河)。"

"我只知道西边的法兰克福是黑森州最大的城市，德国第五大城市，人口有70万人。那东边的法兰克福呢？"

Dirk 介绍他的家乡说："东边的法兰克福位于柏林以东，离柏林约80千米，在奥得河的西岸，人口只有5万多人。"

"那可比西边的法兰克福少很多人呢。"

"可不。"

"你的家乡有什么特点呢？"

"这座城市出了一位有名的诗人，他叫 Heinrich von Kleist(1777—1811)。"

"这个名字好像听说过。"

"在第二次世界大战之前，奥得河两岸都属于德国。二战结束后，河以东被划给了波兰，奥得河畔法兰克福成了边境城镇。"

"还有这么一段历史，那在奥得河东岸，一定有许多人会说德语。"

"是的，我家乡好多人都有亲戚在河对岸。另外，奥得河畔法兰克福以前还是汉萨同盟城市。"

"你的家乡曾经是汉萨同盟城市，那么它的贸易和商业一定很发达吧。"

"自从奥得河畔法兰克福加入汉萨同盟城市以来，拥有了经济特权，与许多重要的贸易城市的联系不断扩大，例如什切青(Stettin)和布雷斯劳(Breslau)，使这座城市的政治和文化不断繁荣和发展。那个时代的丰富性仍然体现在北德砖砌哥特式的一些建筑中，如圣玛丽教堂和法兰克福市政厅。圣玛丽教堂(St. Marienkirche)和法兰克福市政厅(Frankfurter Rathaus)等少数北欧哥特式建筑风格，至今仍可见证那个时代的荣光。"

张东东说："东边的法兰克福还真有意思，以后有机会，我还真想去你家乡看

中国人在德国学德语的故事

一看。"

"欢迎呀,到时告诉我一声。"

Regina在一旁开始催了:"Dirk,我还要带你到其他的办公室,去认识别的同事。"

"好呀,Peter、东东,等会见。"

张东东和Peter几乎同时说:"等会见。"

Regina领着Dirk离去,张东东望着他们的背影,心里在想,他与Dirk之间有亲切的感觉。同事之间通过聊家常,打破了彼此之间的陌生感,拉近了两人之间的距离。

从达姆施塔特(Darmstadt)瞭望美因河畔法兰克福(Frankfurt am Main)(陶翠屏 摄)

17 山间路-奥登瓦尔德地质自然公园有哪些特点？

张东东与 Peter 在一个办公室里工作，他们之间渐渐地熟悉起来了。这一天，吃完午饭，张东东问 Peter："你是达姆施塔特的人，也住在达姆施塔特吗？"

"我在威斯巴登出生，在达姆施塔特长大，可我很喜欢小城镇，因为那里有我喜欢的宁静环境，田野风光，还有联合国教科文组织地质公园（UNESCO-Geopark①）。"

"那你现在住在哪儿？"

"我现在住在奥尔巴赫（Auerbach）。"

"交通方便吗？"

"那里不仅交通方便，乘火车或者开车到达姆施塔特很近，而且附近还有不少自然风光和人文景观。"

"说一说，那里有哪些好玩的地方？"

"例如有奥尔巴赫城堡（Schloss Auerbach），侯爵营地国家公园（Staatspark Fürstenlager），特别是石海（Felsenmeer）。"

"石海？"

"全是石头，自然形成的地质现象，一望无边像是大海，所以被称为石海。它还是联合国教科文组织地质自然公园一部分。"

"这个联合国教科文组织地质自然公园叫什么？"

"它叫山间路-奥登瓦尔德地质自然公园（Geo-Naturpark Bergstraße-Odenwald），横跨三个联邦州，即黑森州、巴登-符腾堡州和巴伐利亚州。"

"它附近还有什么特殊的地方？"

"在地质自然公园的北面，是达姆施塔特附近的联合国教科文组织世界遗产梅塞尔坑（UNESCO-Weltnaturerbe Grube Messel），西面是莱茵河谷

---

① UNESCO 是英语 United Nations Educational, Scientific and Cultural Organization 的缩写；在奥地利和瑞士，德语全称为 Organisation der Vereinten Nationen für Erziehung, Wissenschaft und Kultur；在德国，德语全称是 Organisation der Vereinten Nationen für Bildung, Wissenschaft und Kultur；中文为联合国教科文组织。

中国人在德国学德语的故事

(Rheintal),途经奥登瓦尔德(Odenwald)至海德堡(Heidelberg),然后进入南部的内卡(Neckartal)河谷。"

山间路-奥登瓦尔德地质自然公园中的石海(陶翠屏 摄)

"山间路-奥登瓦尔德地质自然公园有哪些主要特点呢?"

"这个地区是由古生代的侵入岩形成的,形成于大约3.4亿年前,当时两大陆相撞。岩石融化在地下形成,并上升到地壳中。"

"哦。"

"直到今天,人们仍然可以从地貌岩石中看到这些地质事件的痕迹,例如位于劳特塔尔(Lautertal)的石海。它在一个拥有大片森林和独特山谷的高原上继续向东延伸。"

"这个高原的山谷有何独特之处?"

"这个山谷由砂岩、粉砂岩和泥岩组成,形成于大约2.5亿年前,位于巨大的盘古大陆内部的河流和湖泊景观中。另外,山谷东南部的特点是向建筑用地过渡,这里形成了贝壳石灰岩景观,其特点是典型的喀斯特地貌(即洞穴和落水洞)。"

"联合国教科文组织以什么名义确定它为地质公园?"

"联合国教科文组织认为山间路-奥登瓦尔德地质自然公园是以'在花岗岩和砂岩之间——运动中的大陆'为座右铭的,这里给人们提供了迷人的自然风光,其中5亿多年的地质变化过程栩栩如生地展现在参观者面前。另外,除了劳特塔尔的石海作为欧洲保护区外,特别的景点还包括布亨-埃伯施塔特(Buchen-Eberstadt)钟乳石洞穴和联合国教科文组织世界文化遗产地坑展(UNESCO-Welterbestätten Grube Messe)和洛尔施修道院(Kloster Lorsch)。"

"有这么多有趣的地方,我也想去看一看。"
"好呀,这个周末你有空吗?"
"有空。"
"那我们一起去看看。"
"那太好了!"
"你想看什么?"
"我想先看一看石海。"
"好的。"
"一言为定。"
"不见不散。"
就这样,张东东和 Peter 两人约定周日一起去观看石海。

18　山间路在何处？

今天是星期五,周末又快到了,Peter 担心张东东周末寂寞,便随便问张东东这个周末有什么打算,张东东摇了摇头。Peter 建议道:"这个周末我可以带你去山间路(Bergstraße)。"

张东东马上问道:"山间路在哪里?"

"东东,你来达姆施塔特已有几个月了,怎么还没有听说过山间路?"

"没有。"

"山间路的一部分位于黑森州的南部。"

"黑森州的南部……那不是达姆施塔特?"

"更确切地说是从达姆施塔特开始。"

"山间路沿途经过哪几个联邦州?"

"山间路是从达姆施塔特开始,经过海德堡到维斯洛赫(Wiesloch)的公路名称。它位于黑森州的南部和巴登-符腾堡州的北部。"

"这条路是怎样的走向?"

"山间路几乎正好在从莱茵河平原到奥登瓦尔德西部边缘的过渡处沿南北方向延伸。命名的主要原因是山脚下的道路布局,因为莱茵河(Rhein)、内卡河(Neckar)及其来自奥登瓦尔德的支流[劳特(Lauter),莫道(Modau),韦施尼茨(Weschnitz)]一直在平原上寻找新的路径,从而形成了这条道路。"

"山间路有多长?"

"全长约有 68 千米。"

"你要是有一张地图就好了,这样我便知道这条路在达姆施塔特的什么方向。"

"我从网上找了一张地图,上面写着主要城市和地区。"Peter 将手机上的地图(见下图)递给张东东看。张东东看了地图说:"它的路线与目前的联邦公路 B3 号大致相同。"

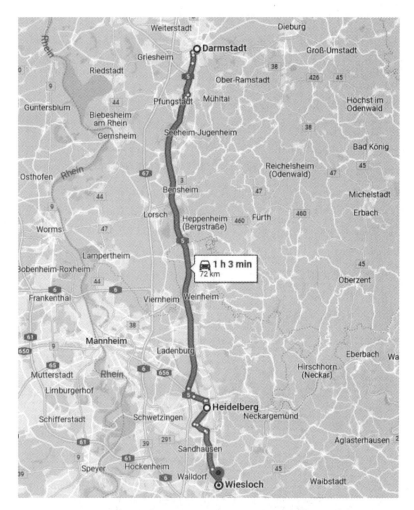

山间路（Bergstraße）所经过的主要城镇
（来源：https://www.google.de/maps）

"是的，它始于达姆施塔特-埃伯施塔特（Darmstadt-Eberstadt），经过埃伯施塔特后，分成为老的山间路（Alte Bergstraße）和新的山间路（Neue Bergstraße），然后向西延伸。"

"然后呢？"

"在茨温根堡（Zwingenberg），两个分支会合在一起。由此可以推断，这条路起源时的路线与奥登瓦尔德的地理环境有着密切的联系。在奥登瓦尔德山脉脚下前方的花岗岩仍然推进入平原，使其上升到约1至1.5千米。"

"这就出现了位于劳特塔尔的石海。"

中国人在德国学德语的故事

"没错。在魏因海姆-吕策尔萨克森(Weinheim-Lützelsachsen),一条新的山路从旧山路分出来,向西延伸至海德堡-格洛夫斯海姆(Heidelberg-Handschuhsheim)的入口,两条路线在此会合。在内卡河对岸,从海德堡到维斯洛赫的更远路线通常也被称为山路。"

"它经过了哪些城市和地区?"

"山间路贯穿三个农村地区和两个市区:达姆施塔特、达姆施塔特-迪堡(Darmstadt-Dieburg)区、山间路区、海德堡和莱茵-内卡区。山间路的北部属于黑森州,南部属于巴登-符腾堡州。州界位于黑彭海姆(Heppenheim)和劳登巴赫(Laudenbach)之间。其中还包括有黑森州山间路葡萄酒产区和巴登州山间路葡萄酒产区。"

"它是从何时开始修建的呢?"

"山间路在罗马时代应该是作为贸易和军用道路使用的。自1165年以来,山间路这个名称就有了记载。"

"快有一千年的历史了。"

"当时,这条路有不同的名字,如:strata montana(作为'山路'的拉丁化形式),strata publica(795年),platea montium(819年),montana platea(1002年)。"

山间路(Bergstraße)经过黑彭海姆(Heppenheim)中的葡萄园(陶翠屏 摄)

张东东又看了看这张地图说:"这还真是一个很有意思的地方。"

"那好,我们明天一起去吧。"

"好的,谢谢你,Peter。"

"好久没出游了,很想出去走一走、看一看,正好我们可以一起去,热闹一下。"

"那好,我们周日见。"

"周日见。"

黑彭海姆(Heppenheim)葡萄园的葡萄(陶翠屏 摄)

19 办公室的钥匙是否丢得起？

时间过得真快,一晃张东东到德国已四个多月了。他本想带着妻子和女儿一起来德国,因为当时时间紧,办手续来不及,所以他们计划等到女儿放暑假时,母女俩再来德国探亲旅游。今天是周五,张东东向 Peter 打听德国什么地方好玩,为他妻子和女儿来德国旅游做准备,"Peter,你能给我推荐几个好玩的地方吗?"

"德国好玩的地方很多,高山、大海、城堡、温泉等,你喜欢哪一种?"

"我们都喜欢大自然,当然是高山和大海呀。"

"东东,你今天为什么问起这个问题?怎么是我们呢,此话何意?"

"我打算等到我女儿放暑假后,让我夫人带着孩子来德国旅游。"

"好啊!你夫人和女儿在德国只待一个暑假吗?"

"是的,因为我在这里的工作还有一个多月,到时,我和她们一起回中国。"

"东东,你没听说吗,我们的项目要延长半年。"

"哦,项目要延长吗?"

"昨天,我到 Regina 那里取信,她对我说的。"

"要是这样的话,那就更好了。"

"这样你们一家在德国可以待半年,这可是你们了解德国的好机会呀。"

"Peter,你说的没错,我现在就去秘书办公室问个清楚。"

张东东去了秘书办公室,不一会儿就回来了。Peter 迫不及待地问道:"东东,怎么样?"

张东东说:"Regina 现在很忙,没有问成。"

"她在忙什么?这也不需要多少时间呀。"

"有人丢了办公室的钥匙,她正在处理这件事。"

"这倒是一件麻烦事。"

"Peter,丢了办公室的钥匙,找同事借一把去配一下不就行了吗?"

"哦,不行的。首先要看丢钥匙的人有没有保险。"

"我知道保险名目繁多,如医疗保险、人身保险、汽车保险等,难道钥匙还需要上保险吗?"

"是的,在德国众多保险中一种叫作 Privathaftpflichtversicherung①,其中还要包括一项:私人或职业使用的第三方密钥丢失。"

"哦,有无个人责任保险有很大的差异吗?"

"差异可大了。有保险的,由保险公司赔付;无保险的,当事人要自己赔付这笔钱,有时要赔付的金额可能比较大。"

"为什么?"

"因为不同的钥匙使用范围不同。若只开一间办公室的钥匙丢失了,只需要换一把锁,配一把钥匙;若使用于几十上百间房间的钥匙丢失了,你想想,所有的锁和钥匙都得换,那需要付多少钱呀!"

"办公室钥匙还真丢不起啊!"

"所以这件事比较复杂,除了有保险外,还要证明当事人是粗心大意、失职所致。要让保险公司认同这一点,可不是很容易的事。"

"难怪,Regina 要我吃完午饭后再去,这件事够她忙一阵了。"

吃完午饭,张东东又去了一趟秘书办公室。不久,他手里拿着一张纸回到了办公室,并说:"Peter,你说得对,我们的项目真的要延长半年。"

"还有呢?"

"教授已同意我在这里继续工作下去。"

"好啊!"

"不过,我还得请示我们单位的领导。"

"这不会有什么问题的,现在你有什么打算?"

"明天,我打电话与夫人商量一下,看她能否带女儿一起来德国待上半年。"

"这样,我也可以认识你的夫人和女儿了。"

"我现在得把教授写的证明发给我们单位,先要去邮局,寄往中国。"

下班后,张东东去了邮局。从邮局出来后,张东东坐公共汽车回住处,他一路上在想,办公室的钥匙真是丢不起,得好好保管它。随后想到他的夫人和孩子要来德国了。他想着,想着,忘记下车了。当他发现车外的房屋和景色这么陌生时,才意识到自己错过了下车的站点。在下一站下车后,他没有乘坐回头车,而是慢慢地步行回到住处。尽管如此,他还是很高兴,想到自己的夫人和女儿再过不久就能来到德国与他一起生活半年,心里感觉美滋滋的。

---

① "Privathaftpflichtversicherung"中文为"个人责任保险"。

20　最长的德语单词有多少个字母？

德语的单词，特别是名词，有时是将几个不同的名词合而为一，形成一个新的单词。对于德语水平还没有达到一定程度的外国人来说，就不是那么容易看得懂了，因为单词过长，会让人不知道从哪个地方开始分割，到什么地方结束。这几天，张东东也遇到了这个问题。记得在某篇参考文献中，他看到了一个德语单词"Gleichgewichtsdichtegradientenzentrifugation"，他从来没有见过这么长的单词，也不知道怎么来读它，更不用说是理解它的意思了。他正在为这个问题犯愁，Peter 进了办公室。张东东终于看到了希望。他拿着书，走到 Peter 身边，并用手指指着这个单词说："Peter，你看，这个德语单词可真长呀！"

"有多长？"

"一共有 44 个字母。"

"这可不是最长的德语单词。"

"我的问题是如何读'Gleichgewichtsdichtegradientenzentrifugation'这个单词。"

"它是由几个单词组成的，所以，你首先要分解它们，然后再从各个部分中找出怎样读它。"

Peter 指着这个单词问道："在这个单词中，你认识几个单词？"

"我只知道一个'Gleichgewicht'。"

"难怪你不会读。现在，我将其他单词划出，你一看就知道了。"

于是，Peter 用笔在单词上画了 4 个竖杠，Gleichgewicht｜s｜dichte｜gradienten｜zentrifugation，"你看，这个词由 4 个单词组成，另外还有字母's'，它把前后两个单词合为一体，起到连接作用。"

"这样读就容易多了，不过'Gleichgewichtsdichtegradientenzentrifugation'是什么意思？"

"它的意思是'平衡密度梯度离心'。"

"现在真是好念多了。你刚才说，这个单词还不是最长的德语单词，那么最长的德语单词有多少个字母？"

20 最长的德语单词有多少个字母?

"你猜有多少个字母?"

"我猜最多 50 个字母吧。"

"梅克伦堡-前波莫瑞州有一个法律,名为 Rindfleischetikettierungsüberwachungsaufgabenübertragungsgesetz,它有 63 个字母。"

"我的天,这么长的单词,真不知道从哪里读到哪里,意思更是云里雾里,让人摸不着头脑呀。"

"没有关系,东东,这个单词就是一些德国人也不会读。"

"这么长的单词是啥意思?"

"它的意思是'牛肉标签监督职责转移法',于 2000 年 1 月 19 日签署通过,同年 2 月 12 日实行。长期以来,它有着德语中最长单词的称号。"

"现在还是吗?"

"该法律于 2013 年 5 月 29 日废除以后,人们又开始寻找它的后继者。"

"现在找到了没有?"

"在 Duden 字典中,列出了包含 40 个以上字母的单词。"Peter 用他的手机找出这 5 个单词:

Grundstücksverkehrsgenehmigungszuständigkeitsübertragungsverordnung① (67 个字母);

Rindfleischetikettierungsüberwachungsaufgabenübertragungsgesetz(63 个字母);

Verkehrsinfrastrukturfinanzierungsgesellschaft②(46 个字母);

Gleichgewichtsdichtegradientenzentrifugation(44 个字母);

Elektrizitätswirtschaftsorganisationsgesetz③(43 个字母)。

"它们都来自于什么领域?"

"它们中的大多数来自于法律和行政领域,均是由 3 个或者多个其他单词组成的名词。"

"看来,德国的法律不是那么容易懂的,一看法律的名称都把人给吓跑了。"

"你知道德国有多少法律吗?"

"对德国法律,我所知甚少,你知道吗?"

"我知道。"

"有多少?"

---

① Grundstücksverkehrsgenehmigungszuständigkeitsübertragungsverordnung 中译文为《房地产交易许可责任转移条例》。

② Verkehrsinfrastrukturfinanzierungsgesellschaft 中译文为"交通基础设施融资公司"。

③ Elektrizitätswirtschaftsorganisationsgesetz 中译文为《电力工业组织法》。

中国人在德国学德语的故事

"你得给我一点奖励。"

"你想要什么奖励?"

"一顿中餐。"

"没问题,快说吧。"

Peter 看着张东东着急的样子,笑了起来,他说:"根据联邦司法部维护的联邦法律数据库,截至 2022 年 2 月 2 日,德国有 1773 部法律(Gesetze)和 50738 项法律个性化规则[Gesetze(Einzelnormen)]生效。同时,还有 2795 项法定条例(Rechtsverordnungen),其中又包含总共 42590 项法定条例个性化规则[Rechtsverordnungen(Einzelnormen)]生效[①]。这些数字还不包括适用于德国的联邦州法和国际法规则。"

"那 10 年前是什么样的情况呢?"

"在 10 年前,截至 2012 年 1 月 1 日,共有 1625 部法律和 43391 项法律个性化规则,2648 项法定条例和 37224 项法定条例个性化规则。"

"你怎么会知道这么详细呢?"

"这是因为有人询问了这个问题,所以政府做了这些调查。"

"为什么要进行这些调查呢?"

"人们想知道这么多年来,在宣布减少官僚主义的背景下,德国的法律和标准是否减少,是否有了改进。"

"现在找到比'Rindfleischetikettierungsüberwachungsaufgabenübertragungsgesetz'更长的单词了吗?"

"在吉尼斯世界纪录中,最长的德语单词是'Donaudampfschifffahrtselektrisierthauptbetriebswerkbauunteramtengesellschaft'(多瑙河轮船电气化主操作建设分公司),它有 80 个字母。"

"哇!这可真是创下了新纪录。"

随后,两人哈哈大笑起来。

---

① 德国 2010—2022 年每年适用的联邦法规总数详见附录 7。

21　怎样确认德语字母拼写的对与错？

自从张东东确定在德国继续工作半年,他便为夫人和女儿来德国的事东奔西忙。现在他夫人和女儿来德国要办的手续已经接近尾声,但租房子之事成了他的燃眉之急。

这几天,Peter发现张东东不像以前那样活跃、爱说话、乐意提问题了,而是愁眉苦脸,沉默寡言。今天在办公室,Peter主动问起张东东:"东东,你夫人和孩子来德国的手续不是快要办好了吗,怎么不见你高兴呀?"

"Peter,你不知道,我这段日子在找房子,可一点眉目都没有。她们快要来了,住处还没有着落,不知怎么办才好,真把我愁死了。"

"为什么?"

"房东一听说我是一个外国人,又不会说德语,再加上时间短,只租半年,没有一个人愿意接受的。"

Peter沉思了一会儿,说:"东东,这事你交给我办吧。"

"你有办法?"

"我还不能完全肯定,明天,你等我的消息吧。"

"那就太好了,谢谢你!"

"现在我什么事都还没做,再说还不知道是否可以,没有什么可谢的。"

"谢你为我分担忧愁嘛。"

"我们之间是什么关系,铁哥们儿。"张东东赞同地点了点头。

在这个周末,张东东没有因为Peter的承诺而在家等待。一大早,他去报亭买了许多报纸,看上面的房屋出租广告,又在网上查找,与房东联系。他找了不少,但还是与之前一样,房东一听说是外国人,又不会说德语,而且租房的时间只有半年,马上就拒绝了。他正在房间想方法,如何租到房子时,突然电话铃响了,张东东接过电话,是Peter打来的:"东东,你现在有空吗?"

"你有什么事吗?"

"你有空的话,我来接你,一起去看我的姑妈。"

"看你姑妈?"

中国人在德国学德语的故事

"你不是要找房子吗?"

张东东隐隐约约感觉有戏,马上说:"好,我等你。"

不一会儿,Peter开车到了张东东的住处,张东东在住处大门口等着Peter。

"你好,Peter。"

"东东,快上车吧。"

张东东上了车,Peter说:"我姑妈就住在达姆施塔特,她的孩子们都长大成人,全都搬出去自立门户了。姑父在前几年去世,姑妈一个人住。我跟她说了你的情况,她二话没说,同意你们一家在她那里住。"

"这太好了。"

"不过,她想见一见你,一方面她想了解你这个人,另一方面也想让你看看房间。"

"没问题。"说着说着,他们来到了Peter姑妈的家。Peter按了门铃,一位满头白发的老人开了门,她就是Peter的姑妈。Peter向他姑妈介绍说:"姑妈,这是东东,他是我的同事,也是好朋友。"

"您好!嗯……"张东东不知道怎么称呼Peter的姑妈。Peter的姑妈马上说:"你叫我Schneider太太吧。"

"S-c-h-...",张东东的脸涨得通红,好像什么东西卡在了喉咙上,到了S-c-h-就说不下去了。这时,Schneider太太看到这个情景,便说道:"你没有听清楚,没有关系,我再解释一下:S像Samuel,C像Cäsar,H像Heinrich,N像Nordpol,E像Emil,I像Ida,D像Dora,E像Emil,R像Richard。这些名字的第一个字母合成了我的姓'Schneider'。"

"原来是S-c-h-n-e-i-d-e-r。"

"说得对!"

"Schneider太太,您好!我叫张东东。"

"我已从Peter那里听说了,请进。"

Peter的姑妈带着他们到各个房间转了一圈,张东东很满意。

Peter的姑妈有一栋两层楼的房子,她住在第一层,第二层原来是她两个孩子住的。现在她一个人住这么大的房子,虽然很冷清,但也没有出租,她不愿意与一个陌生的人住在一个屋檐下。她从Peter那里得知,张东东是一位学者,他夫人和孩子要来德国,租房子困难,所以让他们进来住,她也放心。

Peter的姑妈观察着张东东,感觉到他为人热情、懂礼貌、有教养,她很满意。于是,她问张东东:"你什么时候能搬入?"

张东东回答道:"越早越好。"

"那么,下一周如何?"

21 怎样确认德语字母拼写的对与错？

"没问题。"

于是，Peter 的姑妈与张东东达成了房屋租金的口头协议，转账还是交现金由 Peter 姑妈想好后再定。租房子的事终于敲定了。在回来的路上，张东东问 Peter："你姑妈用的是什么方法来介绍她的姓的？"

"她用的是德语拼写字母表。"

"好像说的是名字。"

"是的，大多数字母是用的德国人的名字，如 A 像 Anton，B 像 Berta……Y 像 Ypsilon，Z 像 Zacharias。"

"为什么会出现德语拼音字母表呢？"

"它起源于柏林电话簿，所以，第一个德语拼写表也称为德语电话字母表。"

"它什么时候出版的呢？"

"德国的第一本电话簿于 1881 年在柏林出版。当时传播技术还不够完善，由于打电话的双方听不清楚对方到底讲的是哪个字母，于是，1890 年德语电话字母表首次印刷。开始它是用数字来代替这些字母，每个电话用户都必须有这份列表。"

"什么时候由数字转变成字母的呢？"

"实践证明用数字代替字母不好用，1903 年，就开始用名字来代替字母，从 A 像 Anton，到 Z 像 Zacharias。"

"那后来呢？"

"随后，出现了小的变动。比较大的变动是在 1934 年将有些被认为是犹太人的名字给换掉了。"

"这些去掉的犹太人的名字后来又改回去了吗？"

"第二次世界大战结束后，1948 年德国德语拼写字母表去纳粹化，有些拼写字母又返回到 1932 年的状态。最后一次更改是在 1950 年，只将 Karl 用 Kaufman 所代替[《德语拼写字母表》(邮政拼写版)演变过程详见表 21-1]。"

"这个字母表现在还用吗？"

"没有以前常用，但当打电话的一方不明白对方说的哪个字母时，常常会用到它。不过这张德语电话字母表已从电话簿内消失了。"

"为什么？"

"原因可归结为以下三条：其一，现在通信技术不断改进，传播技术更加完善，打电话的双方更容易明白对方讲的是什么；其二，以前电报使用电话记录，但是电报业务在 20 世纪 70 年代末明显下降，2022 年德国已经彻底取消了电报业务；其三，随着传真的引入，直接书面交流已成为现实。"

"明白了，随着科学技术的发展，这种以通信为目的的德语拼写字母表慢慢

中国人在德国学德语的故事

地也会被淘汰了。"

"德语拼写字母表没有完全被淘汰,刚刚我所说的是邮政拼写版,它在打电话时也常用,说不定以后你会遇到这种情况的。另外,德国还有其他的拼写版,例如商业和行政拼写版①。"

张东东点了点头,然后说道:"Peter,这次找房子,你可帮了我一个大忙,我该怎么感谢你呢?"

"不客气。"Peter眨了眨眼睛接着说:"下个周末,请我吃一顿中餐就行了。"

"那是一定的。另外,我夫人做饭的水平比我要高得多,等到我夫人和孩子来了,让你尝一下她的手艺。"

"好哇!"

这两人来自不同的两个国家,在这么短的时间内,已成为了铁杆朋友,不能不说他们之间真有缘分呀!

表21-1 《德语拼写字母表》(邮政拼写版)演变过程一览表

字母/年份	1890	1903	1905	1911	1922/23	1926	1932	1934	1948	1950
A	1	Albert						Anton		
B	2	Bertha		Berta	Bernhard			Bruno	Berta	
C	3	Citrone		Cäsar						
Ch							Charlotte			
D	4	David						Dora		
E	5	Emil								
F	6	Friedrich						Fritz	Friedrich	
G	7	Gustav								
H	8	Heinrich						Heinz	Heinrich	
I	9	Isidor				Ida				
J				Jacob			Jakob	Jot	Julius	
K	10	Karl					Katharina	Kurfürst	Karl	Kaufmann
L	11	Ludwig								
M	12	Marie							Martha	
N	13	Nathan						Nordpol		

---

① 德语拼写字母表(商业和行政拼写版)详见附录1c。

续 表

字母/年份	1890	1903	1905	1911	1922/23	1926	1932	1934	1948	1950
O	14	Otto								
P	15	Paul			Paula					
Q	16	Quelle								
R	17	Richard								
S	18	Samuel						Siegfried	Samuel	
Sch							Schule			
T	19	Theodor						Toni	Theodor	
U	20	Ulrich								
V	21	Viktor								
W	22	Wilhelm								
X	23	Xantippe								
Y	24	Ypsilon						Ypern	Ypsilon	
Z	25	Zacharias						Zeppelin	Zacharias	
Ae	26	Ärger		Änderung					Ärger	
Oe	27	Ökonom						Öse	Ökonom	
Ue	28	Überfluß						Übel	Übermut	

注：1) 表中缺少字母"ß"（Eszett），目前完整的德语拼写字母表（邮政拼写版）详见附录 1b。

2) Ae、Oe 和 Ue 分别是变音字母 Ä 、Ö 和 Ü 的另外一种表达方式，即变音字母变音前的字母 A、O 和 U 之后加上字母 e。

（来源：http://www.schwender.in-berlin.de/buchstabiertafel.html）

22　在德国如何考取驾照？

第二天，在快到研究所的一个十字路口，张东东遇到 Peter 开车而来，他举起手来正想跟 Peter 打招呼，可 Peter 看都没看，直接开车过去了。张东东纳闷，这可真奇怪，明明 Peter 看见我了，为什么像没有看见一样呢。张东东想着，走进了办公室，Peter 已经在那里了。张东东马上问道："Peter，刚刚在十字路口你没有看见我吗？"

Peter 回答道："看见了。"

"那你为什么还不给我打招呼呢？"

"我没有时间。你没有看见我的左边还有一辆车吗？"

"我记得，是有一辆白色的小车。"

"那就得了，我必须马上开车走呀。"

"为什么？"

"你不知道'rechts vor links'的交通规则吗？"

"不知道，它是何意？"

"'rechts vor links'是先右后左的意思，换句话说，在两辆车同时到达十字路口时，右边来的车辆者有先行权。"

"这个交通规则我从来没有听说过，它在何时使用？"

"适用于没有交通标志、交通信号灯或交警控制交通的情况。"

"也适用于停车场吗？"

"在停车场，仅当车道可以清楚地识别为道路时，才适用先右后左的规则。"

"当车辆在十字路口从各个方向驶来时，谁该先行呢？"

"你这个问题提得好，但这种情况在实际生活中很少发生，不过会有发生的可能性。若四辆车同时到达一个交叉路口，由于'先右后左'规则，所有车辆都拥有先行权，司机必须相互交流，必要时使用手势，明确谁先行。"

"德国人考虑得够周到的，'rechts vor links'的交通规则，让我想到一个问题。"

"什么问题？"

"在德国如何才能拿到驾照呢?"

"你要完成 7 个步骤,才可以拿到驾照。"

"哪 7 个步骤?"

"当你决定学开车之后,你需要知道自己是否满足学驾驶的先决条件,即视力不能太差,还要懂得急救的基本知识。所以,你必须参加视力检查和急救课程,这是第 1 步。"

"那第 2 步肯定是到驾校报名吧。"

"没错,在驾校注册时,提交眼科检查结果和急救课程证明。不过找哪一家驾校,还是有学问的。最好在报名之前询问其他学过驾驶的朋友,听听他们的意见,找一家对自己来说既费用合适又服务周到的驾校。"

"第 3 步呢?"

"第 3 步是向驾驶执照颁发机构申请,它通常由驾校办理。处理时间至少需要 5 周,在此期间报名者可以开始学习驾驶培训了。"

"然后呢?"

"第 4 步是学习理论课。在缴费后,便可直接开始学习理论课。它共有 14 个不同的理论单元,其内容涵盖了与道路交通和驾驶相关的所有重要知识,每个单元学习的时长为 90 分钟。"

"第 5 步是学习驾驶技能,对吗?"

"是的,学习驾驶技能的实践课由你与你的驾驶教练共同安排,定期进行驾驶课程,通常每次 90 分钟,即 2 节驾驶课程。驾驶课程需要上多少课时,取决于你学习驾驶的能力,能力强者学得快,则课程少,但基本驾驶课程要上满 18 小时。另外,还有 12 节成本更高的特殊驾驶课程,它属于必修课,其内容包括有城际驾驶(5 节)、高速公路驾驶(4 节)和夜间驾驶(3 节)。"

"下一步呢?"

"第 6 步是理论考试。如果你完成了所有的课程,你就可以报名参加理论考试。"

"理论考试如何进行?"

"理论考试在电脑或平板电脑上进行。考官解释操作方法和程序,你也可以在考试期间询问。从 1000 多个多项选择题中,随机抽出 30 个问题,每个问题都有不同数量的错误点和可能的答案。考试总共 45 分钟。"

"最后一步是实际驾驶考试吧。"

"在实际驾驶考试中,考官会告诉你应该做什么,例如在哪里转弯、在哪里停车,以及如何停车。考官坐在后座,您的驾驶教练坐在您旁边的乘客座位上。如果你开车 45 分钟没有犯任何严重错误,你就通过了考试,马上可以拿到驾驶

中国人在德国学德语的故事

执照。"

"什么是严重错误?"

"例如,闯红灯、无视停车标志或危及其他道路使用者。这时,你的驾驶教练会立即干预,你将无法通过考试。如果你能控制好你的车辆,遵守交通规则,谨慎驾驶,可以停车并回答技术问题,就没有任何东西妨碍你拿到驾驶执照。"

"驾驶执照的费用是多少?"

"要拿到驾照,平均要花 1500 到 2000 欧元。实践课和理论课的费用因地区而异:根据 ADAC 统计,在勃兰登堡州考驾驶执照仅需 1200 至 1400 欧元,而在巴伐利亚,最贵的为 1700 至 2200 欧元。当然,这也取决于你学习驾驶的能力,视情况而定。"

"需要多长时间才能拿到驾照?"

"许多驾驶学校有为期 2 周的速成课程,可以参加总共 14 个双学时(1 学时为 45 分钟,双学时为 90 分钟)的理论课。若每周学习一个理论单元的话,则需要 14 周的时间。每次练习驾驶时长为 90 分钟。如果选择平均 30 小时,每周做一个单元,则需要 15 周。总而言之,这取决于你以前的知识、才能和你的空闲时间。请记住,驾照审核部门通常需要至少 5 周的时间来处理你的申请,所以要及时注册,只有这样你才能参加考试。"

"如果考试不及格怎么办?"

"若你未通过其中一项考试,可以在至少 2 周后重考。然后,你还要再次支付考试费用。如果截止日期缩短,理论考试可以在 3 天后重考,实践考试可以在 7 天后重考。如果你第三次未通过其中一项考试,则必须等待 3 个月。然后你再次尝试 3 次考试。如果你在实践考试中第六次失败,驾驶执照审核部门将检查你是否适合在路上驾驶-你必须参加医学心理考试(MPU)[①]。"

"Peter,谢谢你!今天让我知道了在德国拿驾照的过程。"

"东东,你想在德国拿驾照吗?"

张东东眨了眨眼,"我还真想了。"

Peter 接着说道:"那得看你德语水平高不高了。"

Peter 的这句话让张东东想了半天。是呀,Peter 说了大实话。不会德语在德国拿驾照,这简直就是天方夜谭。他暗暗地下决心,以后要在学德语上下功夫。

---

① 医学心理考试德语为 Medizinisch-Psychologische Untersuchung,简称 MPU。

23　芦笋季节为何要在圣约翰日这一天结束？

自从张东东搬入 Peter 的姑妈 Schneider 太太家，他发现在 Schneider 太太家不远有一个摊位。在摊位旁，竖着一块醒目的牌子，上面写着"Spargel - frisch vom Bauer Lipp"（芦笋——来自农民 Lipp 的新鲜货）。后来，他从 Schneider 太太那里得知，这是农民自己设立的芦笋专卖点。在芦笋收割的季节，农民会聘请来自东欧的人帮忙，这些人是专门在芦笋季节来德国打短工的。他们收割芦笋之后，首先将其进行分类，然后直接送到这里来卖，大多数芦笋采摘后 24 小时之内特别新鲜，很受欢迎。

张东东爱吃芦笋，看见这么新鲜的芦笋怎能放过。他时常来这里买芦笋。这样，他与卖芦笋的人你来我往，渐渐地熟了起来。卖芦笋的人待人热情，大家都知道，和气生财嘛。

达姆施塔特（Darmstadt）一处芦笋专卖小屋（陶翠屏　摄）

这一天，张东东与往常一样，下了班，到芦笋专卖店买芦笋，卖芦笋的人笑着对张东东说："明天是圣约翰日（Johannistag），它是今年最后一天卖芦笋的日子。"

中国人在德国学德语的故事

"圣约翰日是哪一天?"

"每年的6月24日。"

"芦笋季节什么时候开始?"

"3月底到4月中旬,农民根据自己芦笋生长的情况而定。所以卖芦笋的时间不一定同时进行,但农民根据一个规定而统一结束芦笋季节。这个规定就是'切勿在圣约翰日之后收割芦笋'。"

"这个规定是怎么来的呢?"

"'切勿在圣约翰日之后收割芦笋',这是一个古老农民智慧的谚语。圣约翰日总是落在6月24日。这个日期的设定是因为芦笋在收获后需要100天才能在霜冻开始之前再生。在这100天里,郁郁葱葱的绿色灌木丛从剩余的芽中生长出来。通过光合作用,芦笋为即将到来的季节收集能量。芦笋植物由七株(芦笋茎)组成,其中最多可以收获六株。下一季必须至少保留一个杆位。"

"这是前辈总结的经验。"

"另外,6月24日也称为圣约翰节,它是传统的基督教仲夏节,简称为仲夏,它正好在圣诞节前六个月。"

"它还有什么特点?"

"圣约翰节这一天通常标志着一年中盛夏的到来。当大自然充满活力之时,也正是收获季节开始之际,同时,白天逐渐变短,夜间逐渐变长。"

"这么说,这也是一个宗教节日。"

"曾经是的,但现在它已与通常习俗混合在一起,所有这些都围绕着公历6月21日夏至。"

"哦,还有哪些习俗?能举个例子吗?"

"例如,由7至9种植物编织而成的圣约翰花环(Johannikranz),把它挂在门或者窗户上,可以使邪灵和恶魔远离,有的还把它放在枕头下,将带来幸福。"

"圣约翰花环上有哪些植物呢?"

"在圣约翰花环上,有柠檬香脂、西洋蓍草、洋甘菊和毛蕊花、艾菊和鼠尾草等。"

"这些都是草药啊。"

"在6月23日晚上至24日凌晨,人们在许多地方点燃篝火。例如:6月24日晚上,在阿尔卑斯山的山峰和山坡上,人们常常点燃篝火来庆祝最长的白天和最短的夜晚。"

"还真有意思。"

这时,来了一位顾客,卖芦笋的人要去招呼,张东东赶忙道谢:"您给我上了一堂生动的风土人情课,谢谢您!"

"不要忘记,明天是今年最后一天卖芦笋了。"
"我不会忘记的,明天我一定再到您这儿来,买今年最后一次的芦笋。"
"再见!"
"明天见!"
张东东提着买来的芦笋回到住处。

24　达姆施塔特人为何被称为 Heiner?

这几天,张东东乘车进城,公交车常常受阻,进市区内的大街两旁正在搭各式各样的摊位,在市区中心还搭上了摩天轮。今天张东东一进办公室,就对 Peter 说:"也不知怎么回事,这几天公交车天天不准时,在路上耽误时间。"

"这个周末是海纳节(Heinerfest),他们在为此做准备。"

"什么是海纳节?"

"你知道真正的达姆施塔特人叫什么吗?"

"不知道。"

"叫 Heiner(海纳)。"

"这个名字有什么来由吗?"

"到现在为止,还没有一致的说法。"

"那么,都有哪些说法?"

"公说公有理,婆说婆有理。有的人说,Heiner 来自于在 30 年战争期间被遗弃的达姆施塔特附近的一个村庄 Heinheim(海因村)。还有一种常见的解释是,Heiner 在老城区是一个典型的,而且非常常见的名字;此外,还有人说 Heiner 来自德语名字 Heinrich;等等。"

"为什么没有一种说法能站得住脚呢?"

"因为这些不同的说法一出来,又有推翻它们的理由和证据。"

"这可真是公说公有理,婆说婆有理呀!"

"只要没有站得住脚的理由,就会有人继续提出新的说法,说法也就越来越多。"

"这挺有意思的,就像我们科学上提出一个新的理论,不被别人推翻,那才能站住脚一样。"

Peter 笑着回答说:"的确有些相似。"

"那海纳节一定是达姆施塔特人的节日。"

"海纳节是德国最大的市中心节日之一。这个民间节日是作为重建在 1944 年被毁城市的一部分而发起的,也是第二次世界大战后象征着希望和新开始的标志。传统上，它以令人印象深刻的烟花表演结束，这些烟花总是在星期一晚上天黑后燃放。"

2022年的海纳节（Heinerfest）一角（陶翠屏　摄）

"它从什么时候开始举办？"

"1951年首次举办。"

"每年都有吗？"

"通常每年都举行，节日在每年7月的第一个周末前后，也就是星期四至星期一举行。节日的名称来源于Heiner这个词，它代表着达姆施塔特人。"

"如何定义Heiner？"

"从传统上来讲，出生在达姆施塔特，并一直生活在这里的人，才能被称为Heiner。"

"你是否是Heiner呢？"

"从广义上讲，我是Heiner。"

"为什么只能从广义上讲，你是Heiner呢？"

"因为我没有在这里出生，而是从外面迁入达姆施塔特。但我在这里长大，上了小学，后又上中学，现在又读大学，你说我算不算是Heiner？"

"当然算了。"

"在达姆施塔特还有Heiner雕像。"

"在什么地方？我还没有见过呢。"

"它坐落在金冠酒楼（Goldene Krone）正前方，离你每天上下车的地方不远。"

"什么时候建成？"

> 中国人在德国学德语的故事

"1995年由德国雕塑家Christfried Präger(1943—2002)设计的。"

"我天天上下班经过金冠酒楼,但没有注意到这里有Heiner的雕像。今天下班后,我一定要去看一看。"

坐落在达姆施塔特(Darmstadt)的Heiner(海纳)雕塑像(陶翠屏 摄)

下班后,张东东果然在金冠酒楼正前方找到了Heiner雕像。他从Heiner雕像中,似乎看到了当时人们的状态和对未来的向往。在回住处的公交车上,他仔细观察街道两旁的摊位,真是五花八门。他也期待着海纳节,想带着他的夫人和女儿逛一逛大街,看一看海纳节有什么好玩和好吃的东西。

25　Zentner 是什么计量单位？

今天，对于张东东来说，是重要的一天。他本打算自己乘公共汽车去飞机场接他的夫人和女儿，但是 Peter 一定要开车与他一起去接机。这次，Peter 没有弄错航班，准点到他姑妈家接了张东东。他们一路顺风到达法兰克福机场，也很顺利地接到张东东的夫人和女儿。

张东东的夫人和孩子下了车，看见房前有花园，房后有草坪，走进到楼上，房间宽敞明亮，房内整整齐齐，干干净净，一路上疲惫不堪的感觉一下子飘散到九霄云外去了。

女儿平平一下活跃起来，一会儿跑到一个房间，问："爸爸，这是我的房间吗？"一会儿跳到另外的一个房间，拉着她妈妈手说："妈妈，那边可真漂亮！"一会儿又窜到走廊的窗户旁，看着外面的花园，大声叫喊："这里的草好绿呀！"

就在这时，他们听到楼下大门开了，有人走进来。女儿平平这才安静下来。张东东说："是房东 Schneider 太太。她为人热情，曾是老师，现在退休了。"

"走，我们下楼与她打个招呼。"张东东夫人说道。

于是，张东东一家三口走下了楼，Schneider 太太正在厨房里，将刚买来的蔬菜放入冰箱中。张东东迎面走过去，打招呼说："您好！Schneider 太太。"

Schneider 太太一抬头，看见张东东一家三口，说："东东，你接到你的夫人和女儿了。"

"Schneider 太太，让我来介绍一下。"他手指他夫人："这是我太太。"

"您好！张东东太太。"

"我叫丁玲玲，您叫我玲玲好了。"

"玲玲。"

"这是我女儿，叫张丁平，小名平平。"

"平平。"Schneider 太太慢慢地重复了一遍，突然想到了什么，"这个名字有什么含义吗？"

张东东解释说："'张'是我的姓，'丁'是我夫人的姓，'平'是我们希望她今后能平平安安的。"

中国人在德国学德语的故事

"好名字,也好记。"

Schneider太太过去,牵着平平的手,问道:"平平,你多大了?"

张东东回道:"平平今年8岁。"

"上学了吗?"

"过了暑假,她该上二年级。"

"平平跟我的孙女差不多大。"

"哦。"

"东东,你打算送平平上学吗?"

"平平在这里当然要上学。"

"离这不远有一所小学,下一周我带你们一起去报名。"

"好呀!谢谢Schneider太太!"

"不客气,我把平平就当作是我的孙女。"

丁玲玲问:"Schneider太太,德语的'奶奶'怎么说?"

"Oma。"

"平平,过来,叫'Oma'。"

平平大声叫了一声:"Oma。"

Schneider太太高兴地回答道:"哎,真乖,平平。"

晚上吃完晚饭,张东东一家安顿下来。

"东东,Schneider太太对我们一家像对亲人一样,我们也得帮她做点事。"

"我也是这样想的。"

"今天白天,我看见她放在桌子上买的东西,可真不少,一定很沉。下次我们买东西可以顺便帮她带上"

"好主意。"

Schneider太太家地理位置特别方便,附近有超市、药店、面包房等。

第二天,张东东准备出去买东西,顺便问Schneider太太:"我现在去超市买东西,若您有什么东西要买的话,我可以帮您带回来。"

"我昨天买了东西,现在没有什么要买的。"

"我听Peter说,德国人爱吃土豆,土豆比较重,要不您告诉我需要哪一种,我们帮您带回来。"

"我带你去看一样东西。"

"什么东西呀?"

"到了地下室,你就知道了。"

Schneider太太一副神秘的样子,张东东跟着她走到地下室一间房间。房东打开门,张东东一看,好家伙,墙角放着一个箱子,里面装满了土豆,"Schneider

太太,你怎么会有这么多的土豆呀?"

"我先生有个朋友,他的一位亲戚是农民,种了不少土豆。以前我们家人多,需要很多土豆,直接从农民那里买要比从商店里买便宜得多。"

"现在您每年买多少土豆?"

"每年要买 2 个 Zentner。"

"Zentner 是什么计量单位? 我还从来没有听说过。"

"Zentner 被称为公担,它是德国计算质量的单位。"

"把它换成千克是多少?"

"在德国,1 个 Zentner 等于 50 千克。"

"那您买得真不少呀。"

"我们每年在收土豆后买一次,起初买 6 至 8 个 Zentner。现在人少了,也买得少了。"

"也就是说,您一年买一次,一次吃一年。"

"是的。"

"Zentner 这个计量单位只用于德国吗?"

"它也在奥地利和瑞士使用,不过,在那里 1 个 Zentner 等于 100 千克,在德国称它为 Doppelzentner。"

"没想到,德国的质量单位也很特别。"

"以后,你会发现更多特殊的地方。"

"到时,我还得请教您。"

"没问题,我乐意解答。"

"谢谢您,Schneider 太太!"

张东东真走运,在这里又遇到了一位好的德语老师。从此以后,他知道他不需要为 Schneider 太太买土豆了。

26　考试得 1 分是好还是差？

今天是周四,张东东特地请了假,他们一家要与 Schneider 太太一起去附近的小学,为女儿平平报名。上午 9 点 30 分,张东东一家三口与 Schneider 太太走进了小学。这个小学不大,有三四栋两层楼的房子,楼后面是一个用人工地毯铺着的露天运动场,有人在那里踢足球、打篮球。学校大门的右边是校长办公室和老师办公室。由于之前有预约,校长已经在办公室等待他们了。校长是一位中年妇女,她热情地解释说:"一般新生入学之前,要在市卫生局医院进行检查。Schneider 太太介绍了你们的情况。你们的女儿属于特殊情况,现在不必去市卫生局,但要在我们学校考查一下。今天,我考一考你们的女儿,看她是否可以入学。"

Schneider 太太对平平说,"平平,你过来。"平平走到校长面前,用德语说:"您好!"她在来学校之前,特地向 Schneider 太太学了几句简单的德语口语。

校长大吃一惊,"这孩子这句德语说得很好啊。"

Schneider 太太说:"这孩子到德国还没有一周。"

"看来,她学东西学得快呀!"校长赞赏道。然后,她给平平一张纸和一支笔,让平平随便画一张画。在平平画画时,由于张东东和丁玲玲都不会说德语,他们与校长的交谈均用英语。

校长问道:"你们的孩子几岁了。"

丁玲玲回答道"平平今年 8 岁。"

"上几年级?"

"她已上完一年级,现在应该上二年级了。"

"她学过德语吗?"

"她从来没有接触过德语。不过,她会一点点英语。"

"平平有什么爱好?"

"她喜欢画画,也喜欢体育。"

"平平一年级时学习如何?"

张东东接过话,"平平数学不错,爱读书,语文也不赖。"

"平平与同学之间的关系怎样？"

丁玲玲继续地回答道："平平性格开朗，与同学关系融洽。"

校长点了点头。

这时，平平走过来，她将她的画交给了校长。校长一看，眉开眼笑地说："你的女儿观察能力强，画得也不错。"原来，平平画的是她的办公室，看来校长对这幅画很满意。

校长在画的反面用铅笔写了几道算术题，交给了平平。没过一会儿，平平就交卷了。校长惊奇地道，"平平算得真快呀。"然后，校长检查了计算结果，最后笑着说："平平算得又快又对，得1分。"

张东东和他夫人吓了一跳，异口同声地问道："1分？"

校长反问道："怎么1分你们还不满意？"

Schneider太太接过话："1分在德国是最好的，即最高分。"

这一下子，张东东夫妇松了一口气，"哦，原来是这样的。在中国1分是不及格。"

这时，大家都笑了起来，办公室的紧张气氛消失了。校长说："平平考试通过，她可以来我们学校上学了。"顿时，大家高兴得不得了，Schneider太太牵着平平的手，说："走吧！平平，我们回家去。"

平平与Schneider太太一起向前走了几步，突然地回过头，用德语对校长喊着，"再见！"

校长挥着手说："再见，平平！"

平平顺利地报上了名，张东东夫妇很高兴，张东东对Schneider太太说："今天晚上，我们请您吃中餐，庆祝平平可以上学了。"

Schneider太太说："好呀！"

丁玲玲说："东东，你也叫上Peter，我们一起庆祝。"

"好的，我马上去上班，就告诉他。"

晚上，丁玲玲做了一顿中餐，大家团聚在一起，Peter也来了。在聚餐时，张东东聊到德国中小学校分数计算不同于中国。丁玲玲说："今天上午我们带着平平去学校考试，当校长，平平算术得1分时，我吓了一大跳。"

张东东点了点头，说："我也是，Peter，德国学校实行哪种分数制？"

Peter说："你给我一张纸，我写给你们看。"

丁玲玲拿来了笔和纸，Peter边写边解释："你们看，这是一张德国中小学校分数对照表（见表26-1）。一般为6分制，1分最好，6分最差。在中学毕业考试中用积分制，15分最好。"

中国人在德国学德语的故事

表 26－1　德国中小学校各类分数制一览表

分数	很好			好			满意			及格			差			劣
学分数	1－	1	1－	2＋	2	2－	3＋	3	3－	4＋	4	4－	5＋	5	5－	6
积分点	15	14	13	12	11	10	9	8	7	6	5	4	3	2	1	0

"为什么要用'＋'和'－'呢？"

"这是为了更详细地区别成绩的高低。你们看，在 6 分制的每一档次中，又引入了'＋'与'－'。'＋'表示要好一些，'－'表示要稍差一点。"

"这办法的确有它的道理。"

丁玲玲给 Peter 夹上了一块鱼，Peter 吃得美滋滋的。这一天，正是满月，天又晴，在明亮的月光下，他们有说有笑，度过了美好的傍晚。

27 最常见的德国姓氏来源于何处？

这几天,张东东上班不像往常一样,在8点钟之前来到办公室,而是在8点30分才进办公室的门。Peter 相反,他几乎天天早于张东东,今天也是如此。当张东东刚跨进办公室的门,Peter 就问:"东东,你今天是不是睡懒觉了?"

张东东回答道:"没有,现在家里人多了,事情自然也多了。"

"哦。"

"Peter,今天来上班的路上,我一直在想一个问题。"

"今天,你又有什么有趣的问题?"

"你姑妈姓 Schneider,但我查了字典,它字面上的意思是裁缝。"

"没错。"

"你的姓是 Fischer,它还有另外一个意思,是渔夫。"

Peter 点了点头。张东东接着说:"Klaus 姓 Schäfer,意为牧羊人。"

"是的。你到底想要问什么?"

"这些姓氏不都是与职业有关吗?"

"这并不奇怪,德国人几乎有一半的姓是从职业名称演变过来的。在很久很久以前,在德国这片土地上,还没有姓氏。后来先出现了职业,慢慢地从职业演变成姓氏。"

"举个例子吧。"

"就拿我姑妈的姓 Schneider 来说吧,它来自中世纪的裁缝,属于典型的职业名称。随着服装时尚的出现和制衣业分工的进一步细化,裁缝的工作量和责任也增加了。布商预先裁好必要的布料,裁缝负责后续的缝制。Nähter(缝合)这个名字可以说是 Schneider 这个名字的前身。然后,这种情况发生了变化,其结果是这个职业在数量上传播得非常广泛。在中世纪德国的大城市,如科隆、汉堡或法兰克福,裁缝是最常见的职业。"

"原来 Schneider 姓氏是从职业演变而来的。"

"Schneider 在德国不同的地区有三种不同的拼写方法:

(1)Schröder 用于石勒苏益格-荷尔斯泰因州、勃兰登堡州、汉诺威以北的下

中国人在德国学德语的故事

萨克森和威斯特法伦等地区；

（2）Schrader 主要用于下萨克森的南部、汉诺威、不伦瑞克（Braunschweig）、马格德堡（Magdeburg）和策勒（Celle）等地区；

（3）在德语区的其他地方，Schneider 是这个姓氏的常用拼写。"

"有意思。"

"又如 Klaus 的姓 Schäfer，牧羊人这个职业，以前不仅对农村人很重要，而且对城市居民也很重要。那时，为了生存，每个公民都有权随心所欲地养羊。由于许多市民充分利用了这项权利，各个地方羊的数量庞大，因此许多地方的市议会聘请牧羊人照顾和饲养羊群。在农村，养羊和饲养绵羊已有几千年的传统。目前，尽管牧羊人这一职业在欧洲的某些地区仍然具有一定的重要性，但其重要性在今天已经远不如从前了。"

"那你的姓 Fischer 呢？"

"Fischer 这个姓氏也来源于传统的职业名称，在德国是最常见的姓氏之一。"

"这个姓氏是如何广泛传播的？"

"在中世纪之前，渔民就是一个非常普遍和众多人从事的职业。鱼是一种常见的食物。由于宗教原因，在大斋节期间，绝大多数人都吃鱼。这种传统一直保留至今，每周至少一次，例如周五。"

Peter 在计算机输入寻找德国最常见的姓氏，结果他从网上找到了一张统计表，"东东，你看，这是在德国最常见的 15 个姓氏（见表 27-1）。"

表 27-1 德国最常见的 15 个姓氏[1]

排 名	姓 氏	姓氏表示意思的类型
1	Müller / Mueller	职业名称
2	Schmidt	职业名称
3	Schneider	职业名称
4	Fischer	职业名称
5	Meyer	职业名称
6	Weber	职业名称
7	Hofmann	职业名称
8	Wagner	职业名称
9	Becker	职业名称
10	Schulz	职业名称

续表

排　名	姓　氏	姓氏表示意思的类型
11	Schäfer / Schaefer	职业名称
12	Koch	职业名称
13	Bauer	职业名称
14	Richter	职业名称
15	Klein	特征名称

1) 2000 年统计的数据①

"哇,绝大多数是职业名称,Fischer 这个姓氏还位于第四位。"

"这说明德国的许多姓氏是从职业名称演变过来的。"

"中国人的姓氏往往与他家族有关,德国与中国真是大不相同。"

"东东,你姓张,你夫人姓丁,你们的姓氏是如何演变过来的呢?"

"这可说来话长了,且让我慢慢道来……"

突然,Klaus 走进来了,叫了一声,"马上要开会了,快去会议室吧。"

Peter 和张东东赶紧拿着笔记本,走出了办公室,直奔会议室,从而结束了张东东与 Peter 对最常见的德国姓氏来源于何处的讨论。

---

① 德国最常见的 100 个姓氏详见附录 8。

28　入学彩袋如何传播到德国各地？

还有两周,平平就要上学了。张东东和他夫人准备带着平平去超市,为平平买书包、本子和笔等文具用品。晚上在吃饭时,Schneider 太太问张东东和他夫人:"明天周六,你们有什么打算？"

张东东说:"我们打算到进城,帮平平买上学的文具用品。"

"时间过得真快,平平要上学了。"

"Schneider 太太,您当过老师,帮我们参谋一下,该买什么东西。"

"平平上二年级,买一些通常的文具用品就可以了,不用买什么特别的东西。若她上一年级,那还得买一样特殊的东西。"

"什么特殊东西？"

"入学彩袋(Schultüte)。"

"什么是入学彩袋？"

"入学彩袋是专门为上一年级的新生准备的。"

"孩子有一个书包就够了,为什么还要有这么一个入学彩袋呢？"

"这是德国人的习俗,上一年级的新生在上学第一天,除了肩背书包之外,他们手中还抱着这个入学彩袋,这是为了激发孩子们上学的热情。"

"那么,入学彩袋里装什么呢？"

"大多数是家长和亲戚朋友送的东西,除了学习用品之外,还装有糖果,所以,它也曾被称为糖袋(Zuckertüte),到现在,在德国一些地方仍然保留这个名称。这个习俗在说德语的区域,如德国、奥地利、瑞士等国家都很普遍,已两百多年历史了。"

"什么时候出现的这个习俗？"

"入学彩袋这个习俗可以追溯到1810年。那时,特别是在图林根州和萨克森州,在孩子入学那天,入学彩袋像装着糖果的甜筒,孩子带着它去学校。"

"它已有200年的历史了,那后来又是如何传播到整个德国的呢？"

"在第一次世界大战后,这种传统逐渐转移到德国的南部和西部,最后传播到整个说德语的区域。"

28 入学彩袋如何传播到德国各地?

达姆施塔特(Darmstadt)一商场入学彩袋专柜(陶翠屏 摄)

"原来是这么回事。"
"为了让袋子看起来更饱满,袋子底部还装满了刨花。"
"真有趣。"
"袋子里面装的东西取决于孩子父母是否有足够的钱。"
"孩子的家庭有穷有富。"
"如今,袋子里面装的东西变得愈来愈昂贵,有的里面还有智能手机呢。"
"哇!这有些太夸张了吧。"
"在德国、奥地利和瑞士,入学彩袋是一年级小学入学新生第一天不可缺的东西。"
"这真成了德语区的习俗了。平平将要上二年级了,就用不上了。"
Schneider 太太说:"入学彩袋也可以自己做,我给平平做一个。"
丁玲玲马上问道:"您愿意收我这个徒弟吗?"
"以后有机会我教你,不过这次时间紧,我就先直接做了吧。"
第二天,张东东一家三口到市中心超市买了书包以及文具等后回到家,发现在桌子上放着一个入学彩袋。平平跑过去仔细看着它,"平平,这是我送给你的入学彩袋,拿着吧。"Schneider 太太走过来并说道。
平平回头看了看她父母,丁玲玲说:"平平,还不去谢谢 Schneider 太太。"
平平抱着入学彩袋,走到 Schneider 太太面前,说:"谢谢奶奶!"
"平平,不客气,这是奶奶送给你的上学礼物。"

中国人在德国学德语的故事

丁玲玲接着说:"Schneider 太太,您手可真巧呀!"

"以前,我的入学彩袋是我妈妈自己做的,那时没有那么多钱。现在我有时间,也有一些钱,做一个送给平平,希望她在学校好好学习。"

"袋子里您都装满了东西。"

"这都是一般学生在学校要用的文具东西,另外,加上一些糖果和巧克力等。"

"Schneider 太太,您想得真周到,谢谢您!"

"为了平平上学,做一个奶奶应该做的事,不用谢。"

听到这句话后,丁玲玲和张东东心里热乎乎的。平平就要上学了,她的父母都很兴奋,Schneider 太太也一样。

29　何处使用计量单位 Hektar？

这是一个周末，张东东一家三口吃完早饭，丁玲玲在厨房里洗碗，从窗户看到外面的草长得很高，她观察到，在这里，近来时常下阵雨，气温下降。一旦太阳出来，气温上升。大自然既有充足的阳光，又有充足的水分，所以，庭院里的草生长得特别快。一转眼丁玲玲和她的女儿到德国已有一个多月了。前两三周Schneider 太太的儿子才到这里割了一次草，可现在草又长高了不少，丁玲玲对张东东说："东东，你看，Schneider 太太院子里的草长这么高了，你今天能否帮她割一次草？"

张东东走过来，看了看外面，然后转过头来对丁玲玲说："你说得对，反正今天我们没有什么事，我去跟 Schneider 太太说一说。"

Schneider 太太正在外面侍弄花草，张东东走了过去，打了声招呼，"早上好！Schneider 太太。"

"早上好！东东。"

"您的花园真不错，有花有草，很漂亮。"

"我喜欢花草，这是我的爱好。"

"您的花园有多少平米？"

"大约有 1/10 Hektar。"

"Hektar 是什么单位？何处使用计量单位 Hektar？"

"Hektar，即公顷，是大面积的计量单位。所以，它经常用于林业和农业。单位公顷缩写为 ha。"

"1 Hektar 等于多少平方米？"

"1 Hektar 相当于 10000 平方米或者 100 Ar（公亩）(1 公亩 = 100 平方米）。"

"它的英语是 Hectare，也就是说，您住处占地面积大概有 1000 平方米，对吗？"

Schneider 太太点了点头。

"Schneider 太太，你看，后院的草长得很高了，今天我帮您割草，好吗？"

中国人在德国学德语的故事

"我昨天打电话要我儿子来,可惜他这个周末没有空。"

"我可以帮您割草,没有关系。"

"你?"

"怎么,您还不放心?"

"那倒不是,我这不是怕耽误你的时间嘛。"

"我今天有空,另外,割草我还没有干过,我很想尝试一下。"

这时,丁玲玲洗完碗,走出了大门,对 Schneider 太太说:"就让东东试一试吧,他今天割完草后,请您来评价,他和您儿子哪个做得好。"

丁玲玲的这句话把 Schneider 太太和张东东逗笑了起来。随后,张东东开动割草机开始割草。他忙了大半天,终于将草坪整理得整整齐齐,Schneider 太太特别满意。

到了晚上,丁玲玲夸奖自己的丈夫能干:"虽然你从来没有用过割草机,可你今天割草的表现令我们很满意。"张东东不好意思地说:"好久没做过体力活了,现在弄得我全身疼痛。"

"这说明你需要锻炼。只要我们住在这里一天,以后这个活就由你包圆了。"

张东东痛快地答应道:"没问题。"

张东东一家与 Schneider 太太之间的友谊,就是在这样一来二去的交往中逐步建立起来的。

30 用德语写信有哪些格式要求？

自从张东东的夫人和孩子来到德国以后,他没有像以前那样,上班来得早。不过今天早上,张东东破例,在 8 点之前,就已来到了办公室。他特地来得早,是因为他想把一项工作任务在周五之前完成,然后好在周末与家人出去旅游。

8 点之前,研究所的大多数办公室没人,今天只有秘书的办公室开着门。张东东安静地想着问题,正想动笔写什么,电话铃响了。张东东拿起电话,说:"喂。"

"是东东吗？我是 Regina。"

"早上好！Regina。"

"早上好！东东。"

"Regina,你找我有事吗？"

"请你现在到我办公室来一趟。"

"好的,我现在就去你办公室。"

张东东连忙放下手中的笔,匆匆忙忙走到 Regina 的办公室,"Regina,什么事这么要紧呀？"

"事情是这样,你夫人和孩子到了德国,需要医疗保险,她们可以在你的医疗保险机构下进行医保。"

"那好呀。"

"我已填好了表格,教授签了字,你只要写一封信寄给你的医疗保险机构就行了。"

"在德国,每个人都一定要有医疗保险吗？"

"是的。"

"医疗保险是个好东西,谁也不知道他会在什么时候生病。"

"关键是,看病、检查、药品等都很贵,还有手术费,一般人承担不起。"

"谢谢你,Regina,你可帮了我一个大忙。"

"不客气,这是我分内的事。"

"Regina,我能请教你一个问题吗？"

> **中国人在德国学德语的故事**

"当然可以,只要是我知道的。"

"我还没有写过德语信,用德语写信有哪些规范?"

"用德语写信有各种各样的形式,不过通常分为两大类。"

"哪两大类?"

"私人信件和正式信件。"

"它们在写信和封面的格式上有何区别?"

Regina 拿起一张白纸,在上面画了起来,并解释道:"一封标准的正式信件除了实际的文本内容外,还包含一些固定的构建块。"

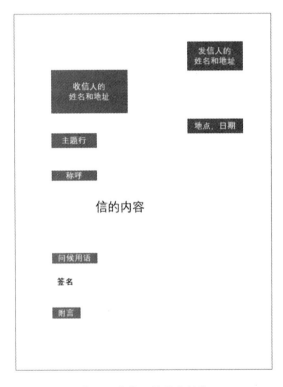

德国正式信函的基本结构

"这些构建块由哪几个部分组成?"

"构建块由五个部分组成。

(1)信头:由发信人地址、收件人地址以及地点和日期组成。发信人地址传统上位于左上角,但现在它也可以位于中间或右侧。

(2)主题行:主题行从日期下方两行开始。在这里,要用关键字简要描述这封信的内容。

(3)称呼:在主题行和称呼之间要空两行。在称呼和信的内容之间只用空一行。

(4)信的内容:称呼之后是实际的文本。

(5)问候用语:发信人以问候用语结束这封信。信的内容和问候用语之间只有一个空行。

另外,问候用语下面是发信人签名,它应该用手在这封信上签名。如果发信人在信件上有什么附言或者添加了附件,请在签名下方列出它们。"

"信封也有固定的格式吗?"

"一个信封包括寄件人的姓名和详细地址、收件人的姓名和详细地址,以及邮票。寄件人的姓名和详细地址位于信封的左上方,先写寄件人的姓名,后写地址;收件人的姓名和详细地址位于信封的右下方,先写收件人的姓名,后写地址;邮票位于信封的右上角。"

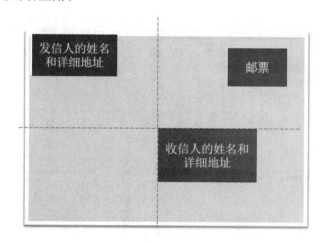

德国信封格式

Regina 画完和解释完后,便把这两张画递给了张东东,"你把它作为一个模板,补上你需要的东西,就可以了。"

"到底是秘书,说得条条是道,画得清清楚楚,一目了然。"

"写信是当秘书最日常的工作内容。"

"非常感谢,Regina!"张东东拿着 Regina 画的信函格式,走出了她的办公室。他心里非常高兴,因为他又学了一点有关德语写信的基本知识。

晚上,张东东按照 Regina 所说的那样,写了一封信。他先从写中文开始,然后用计算机软件翻译成德语,再根据 Regina 所讲的格式,完成了他第一封德语信。

中国人在德国学德语的故事

第二天早上,他交给Schneider太太,让她帮忙改错。Schneider太太除了改了几个冠词、动词和名词外,在格式上没有动,她夸奖张东东说:"东东,你写信的格式还算标准,不错呀!"

"这是我写的第一封德语信,所有有关写信的信息,都从这两张纸上抄来的。"

Schneider太太看着这两张纸,"东东,有人已经给你上过课了。"

"您猜得没错,昨天早上,我们所的Regina给我上了一堂生动的德语课。"

"难怪你的德语比刚来时强多了!"

"这是因为我有像您、Peter和Regina这样的好老师,我的成绩都是你们的功劳。"

说完,张东东按照Schneider太太的指点修改了信函,先去邮局邮寄,然后上班去了。

位于达姆施塔特(Darmstadt)市中心的一家邮局(陶翠屏 摄)

31 　中小学课本由学校免费发吗？

平平正式上学的这一天终于到了。平平的父母既兴奋又担心。兴奋的是他们的女儿要上学了；担心的是平平第一次进德国学校，不知道能否适应这里的环境，跟不跟得上学习的进度，这毕竟是一个完全陌生又是不同语言的环境。今天，平平特别高兴，早上张东东夫妇送去平平上学，他们一出家门，与一个背着书包的小女孩打了一个照面，女孩很快超过了他们，继续往前走了。一路上，陆陆续续见到一些小学生背着书包上学。有父母陪同的，也有孩子自己的。到了学校，校长将平平交给了二年级C班的班主任，平平挥动着手告别了她的父母，丁玲玲和张东东也挥动着手。

班主任牵着平平的手走进了二年级C班，教室里顿时安静下来，班主任说："我给大家介绍一位新同学。"她把平平拉到自己前面，向同学们介绍说："她叫平平，来自中国，大家鼓掌欢迎。"

顿时，一阵掌声响起，班主任指着前面一个空位，对平平说："那是你的座位。"

平平走到空位坐下来，一看，同桌竟然是她在路上遇到的那位女孩。那位女孩小声地自我介绍说："我叫Sabina。"

"我叫平平。"

就这样，平平开始了在德国第一天的上课。

到了放学的时候，丁玲玲已在学校门口等候，当她发现平平走出大门时，大声喊着："平平，平平。"

平平听到喊声，抬头看见了妈妈，她飞跑着过去，"妈妈，妈妈。"

"平平，上学怎么样？"

"好。"平平回答道。

丁玲玲帮女儿提书包，她疑惑地问："平平，你的书包怎么变得这么沉啊？"

"妈妈，今天学校发了课本。"

"哦，这些课本要付多少钱？"

"不要钱。"

中国人在德国学德语的故事

"哪有学校不收书费的?"

"这些书是学校借我们用的,你不信,就去问 Sabina。"

"Sabina? 哪个 Sabina?"

平平指着身边的一个小伙伴说:"她就是 Sabina。"这时,丁玲玲才发现平平身边的一位小姑娘,平平转身对 Sabina 说:"这是我的妈妈。"

"你好!Sabrina,我们好像见过。"

"你好!阿姨。"

平平说:"是的,今天早上来学校的路上。"

"现在我想起来了。"

"妈妈,她住在我们那条街上,我们是同班同学,还是同桌呢。"

"这么巧,上学的第一天就找到了好朋友了。"

丁玲玲手提平平的书包,看见平平和 Sabina 又跑又跳,又说又笑,她心里的一块石头落了下来。但有关课本之事,她还是半信半疑。

回到家,她们在家门口遇到了 Schneider 太太,Schneider 太太看见了平平满脸的笑容,就知道平平上学一切顺利。丁玲玲急忙打听道:"Schneider 太太,今天平平从学校得到了课本,但我没有听校长提起交书本费的事。"

"玲玲,在德国,中小学生的课本均是学校发的,不用付书费。"

"刚才平平说了,我还不相信呢,这还是真的。"

丁玲玲翻开课本第一页上面写着名字,Schneider 太太继续解释着:"这是这本书每个学生取书和还书的记录。"

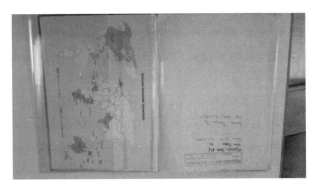

一本由学校发给学生的中学英语课本(陶翠屏 摄)

原来德国中小学生课本通常由学校购买,每当新学年开始时,老师首先从学校领出课本,然后分发给每个学生,或者学生直接到学校图书馆领取;每当学期结束时,学生再将课本交还给老师或者学校图书馆,课本由学校图书馆保存,等到下一个新学期到来时,再分发给下一级的学生。就这样,循环地使用这些课本。每次分发到每一学生手中时,由学生填上自己的名字、所在班级和时间。学校不收书费,这既节省了学生家长的开支,又减少了不必要的重复印刷,这一制度深受各方面的欢迎。谁弄坏了书,则由其家长赔偿。一批课本,因用得时间过长而破损,或者学校更换教材,以致下一批学生无法再使用,那么由学校出钱统一购买新课本。最后一批使用课本的学生可以免费将课本归为己有。

晚上,丁玲玲翻了翻平平的教科书,她在想,德国在世界上是数得着的工业发达和居民生活富裕的国家,每个家庭完全有条件为自己的孩子购买新课本,可他们采用了既节省又能教育孩子的办法。这给人们一种很好的启示。

32 德语冠词有哪些功能？

丁玲玲是学英语的，在国内一家私人公司工作。由于职业的关系，她对德语产生了极大的兴趣。自从女儿平平从学校带回教科书以来，每天有空时，她不时拿着这些课本翻来翻去，左看看右瞧瞧。这样过了好几天，这是一个周末，张东东开玩笑地问他的夫人："玲玲，你这几天在忙什么？怎么家里没有以前那么整齐干净了？"

"东东，除了家务事，我还有自己的事嘛。"丁玲玲笑着回答道。

张东东接着问道："你每天在家买菜、做饭、收拾东西就很辛苦了，还做什么其他事嘛？"

"这几天，我反复翻看平平的教科书，在头脑中冒出了许多问题，其中有一个非常特别。"

"什么问题？"

"英语有哪些冠词？"

"这么容易的问题，英语主要分为定冠词和不定冠词，定冠词是 the，不定冠词是 a/an。"

"那么，你知道德语有哪些冠词吗？"

"这个我可不太清楚，没有研究过。你知道吗？"

"我估计，德语的冠词要比英语多，而且很复杂。"

"你估计得没错。"

"明天，我得问一下 Schneider 太太。"

"若你得到了答案，可得告诉我。"

"那是自然的。"

第二天早上吃完早饭，张东东上班去了，平平与 Sabina 一起上学去了。丁玲玲拿着平平的教科书，找到了 Schneider 太太。"早上好！Schneider 太太。"

"玲玲，早上好！"Schneider 太太看见丁玲玲拿着教科书，便问道："你有什么事吗？"

"是的，我想请教您几个问题，现在您有空吗？"

"请问吧。"

"德语的冠词是不是像英语一样,对吗?"

"德语的冠词可分为两大类:定冠词和不定冠词。"

"类似于英语的 the 和 a/an。"

"从含义上来说,类似;但从内容上来看,大不相同。"

"它们之间有什么不同?"

"英语的定冠词只有 1 个,即 the,而德语有 3 个:der、die、das。若包括复数 die 的话,就有 4 个定冠词。不过,因定冠词所修辞的名词,有的有复数,有的没有,所以,有时复数 die 不计入定冠词中。"

"英语的不定冠词只有 a /an,德语有多少个?"

"德语的不定冠词也有 3 个:ein、eine、ein,它们无复数。"

"德语冠词有哪些功能?"

"第一,表示名词的属性。"

"属性是什么意思?"

"属性指的是名词属于阴性、阳性、中性 3 种之中的哪一种。"

"那第二个功能呢?"

"它能表示名词的格和数。"

"这与英语可大不相同。"

"冠词通常与名词一起用,德语的名词均有性、数、格的变化①。"

"这真是太复杂了。"

"学德语不能一口吃个大胖子,得慢慢来,勇于实践,不断积累经验。"

"您说得对。"

"今天就讲到这里。我有一个建议。"

"请讲。"

"我们可以规定一个固定时间,在这时间里,你有什么德语问题提出来,我来解答。你问我答,你看如何?"

"这是一个好主意!我举双手赞成。"

"好,就这么定了。"

"谢谢,Schneider 太太!"

"我们之间不必客气。"

丁玲玲与 Schneider 太太约好了,每周上 2 次德语课。为此,丁玲玲兴奋得这个晚上都没睡好觉,她躺在床上想,能找到这么好的老师,是我的福分呀。

---

① 德语定冠词和不定冠词的变格表详见附录 9。

33　德语名词的属性与自然属性一致吗?

今天是周日,张东东一家三口与 Schneider 太太一起吃早饭,突然间,平平端起盘子对 Schneider 太太说"der Teller",然后指着门说"die Tür",又指着窗户说"das Fenster"。

Schneider 太太伸出大拇指说:"好! 说得对,平平。"

平平的父母不知道她们在说什么,丁玲玲马上问道:"平平,你刚才说的是什么意思?"

"妈妈,那是用德语说的盘子、窗户和门。"

"盘子用德语怎么说的?"

"der Teller."

"窗户呢?"

"das Fenster."

"那门呢?"

"die Tür."

Schneider 太太解释道:"在德语中,名词分为三种性:阳性、阴性和中性,有的还有复数。这名词前面的 der、die、das 是阳性、中性、阴性的定冠词,它表示了名词的属性,简称'性'。"

"这么说,盘子是阳性,窗户是中性,而门是阴性,对吗?"

"对的,上次曾提过冠词一般与名词一起使用。"

"从大自然来看,盘子、窗户和门都应属于中性,但为什么这里一个是阳性,一个中性,而另一个是阴性?"

"这里的德语名词的属性称为德语语法上的属性,有的与大自然的规律一致,有的却不一致。"

"什么是语法上的属性?"

"也就是说,大多数名词的属性是这样规定的,与大自然的规律不一致,正如你知道的 der Teller 是阳性,das Fenster 是中性,die Tür 是阴性,这中间没有道理可言,只是在语法上这样规定的。"

"您能举几个例子吗?"

"例如德语的'父亲''母亲'和'孩子'词属性与冠词和复数之间关系的例子(见表 33-1)。"

表 33-1 名词属性与冠词和复数之间关系的举例

名词属性 /冠词类型	阳性 m	阴性 f	中性 n
定冠词	der Vater	die Mutter	das Kind
不定冠词	ein Vater	eine Mutter	ein Kind
复数	die Väter	die Mütter	die Kinder

"这与英语可大不相同。"

"为了让你好理解,我举的例子正好与自然属性相同,但在这里,我要强调的是,德语名词的语法属性与自然属性不一定一致,尤其是在动物的名词中,例如:der Hund(狗),die Katze(猫),das Schwein(猪)。"

"它们有没有规律可循?"

"没有。"

"那可怎么办?"

"一个名词究竟属于哪种属性,最好在学这个词时,连同它的冠词一起学。无捷径可走。"

"难怪在名词前总有 der、die、das 这些定冠词。"

"名词的阴性、阳性、中性①德语称之为 Maskulinum、Femininum、Neutrum。在有些书中,der、die、das 用 Maskulinum、Femininum、Neutrum 中的第一个字母来代替,即 m、f、n,这样做简化了名词属性的写法。在德语的单词中,大多数词由名词组成。"

"德语名词分为几类?"

"德语名词分为两大类:单数和复数。"

"这与英语类似。"

"不是所有名词都有复数的,有些只有单数。例如 Obst(水果)、Staub(灰尘)。"

"也只有复数的名词吗?"

"有,例如 die Eltern(父母亲)、Ferien(假期)。"

---

① 德语名词的四格变化举例详见附录 10。

中国人在德国学德语的故事

"英语名词的复数只要在其词后面加-s,德语也一样吗?"

"德语名词的复数也是在其词后面加后缀,例如前面提到的三个名词 der Vater、die Mutter、das Kind,它们的复数分别是 die Väter、die Mütter、die Kinder。从中可以看出这个后缀是根据名词属性的不同而不同的,这些变化五花八门,比英语要复杂得多。"

"如何辨认句子中的德语名词呢?"

"方法非常简单。"

"说来听听。"

"德语的名词有个特点,你一看就能认得出来。"

"什么特征?"

"德语名词的第一个字母必须大写,其他的词类均为小写。"

"会这么容易?"丁玲玲持怀疑态度。

"玲玲,你若不相信,看一看平平的教科书,还有报纸,便能认得出来哪些是名词,哪些不是。"

丁玲玲随手拿了平平一本教科书,翻了翻,说:"真是这么容易认呀!可惜,名词的冠词没有规律可循啊。"

"你看字典,名词前面都写着冠词,所以,学德语时,名词必须和冠词一起学才行。"

"那就是死记硬背了。"

"'万事开头难',你学多了,自然能掌握一些规律的,只有自己经历过的事情,才知道其中的道理。"

丁玲玲点了点头,"Schneider 太太,谢谢您的指点!"

"你们今天有什么安排吗?"

"我们没有什么特殊的安排。"

"今天晚上,我请你们吃一顿德国饭,好吗?"

丁玲玲说:"好呀,我们可以学学做德国菜。"

张东东说:"Schneider 太太,您需要什么,我们去买。"

"不用你们去买了,我都买好了。"

"到时我们可以帮忙打打下手。"

吃完早饭后,张东东一家进城逛街去了。

34　什么是典型的德国菜肴？

　　快到中午，张东东一家逛街回来。一进门，他们就闻到了一股扑鼻的烤肉香味，三人异口同声地说："真香啊！"
　　Schneider 太太从书房里走了出来，"你们回来了。"
　　丁玲玲问："Schneider 太太，您都开始做晚饭了。"
　　"肉要炖一下，这需要时间。"
　　"我还想看您怎么做呢？"
　　"这不难，把一些佐料放进肉中，加一些水，放到炉子上炖，就行了。"
　　"这么简单。Schneider 太太，您有菜谱吗？"
　　"有，我做菜都需要菜谱。"
　　"这个菜谱能给我看一看吗？"
　　"当然可以，它就放在桌上。"
　　丁玲玲转过头，瞧见在桌上放着一本书，她走到桌旁，这本书打开着，书上写着："Schweinebraten mit Knödel und Sauerkraut"（烤猪肉配土豆丸和酸菜）。
　　"这上面写了这么多，可真够复杂的。"
　　"其实并不复杂，书上写得比较详细而已。"
　　"上面都写了什么？"
　　"上面写着供多少人用餐，用料有哪些，用多少，营养信息，准备工作有哪些程序，如何做，(例如：炒、煮、烤等)，还有烹饪时间。例如：今天我做的是烤猪肉配土豆丸和酸菜，它有许多做法，这里是其中一种巴伐利亚州的做法。"
　　"烤猪肉配土豆丸和酸菜需要哪些用料？"
　　"它的主要用料有猪肉、土豆和酸菜。"Schneider 太太手指着菜谱说道："玲玲，你看，这里是供 4 人用餐的需要：烤猪肉中需要有骨猪颈肉，调味料有盐、胡椒、蒜瓣、洋葱等。"
　　"酸菜呢？"
　　"酸菜从超市买的。"
　　"做土豆丸子的用料有哪些呢？"

中国人在德国学德语的故事

"土豆丸子的用料特别简单,它也是从超市买的,叫土豆面团一半一半。"

"土豆面团一半一半是什么意思?"

"土豆面团一半一半是由一半熟土豆和一半生土豆组成的。"

"做巴伐利亚烤猪肉配土豆丸和酸菜需要多长时间?"

"烹饪时间一共需要 2 小时 50 分钟,其中准备 20 分钟;烹饪时间 2 小时 20 分钟;中间休息时间 10 分钟。"

"什么是典型的德国菜肴?"这时,张东东突然冒出这个问题。

Schneider 太太停顿了一会儿,回答道:"对于来自不同地方的人来说,这个问题的答案就会不同。因为典型的德国菜肴是要看在什么地方,不同的地区都有自己的特色菜肴。就拿法兰克福来说,它典型的菜肴之一是法兰克福香肠(Frankfurter Würstchen)。若是纽伦堡人,他会回答说是纽伦堡香肠(Nürnberger Bratwürste)。"

"有道理。"

"为了让你们更好地了解德国菜肴,我介绍一些有关德国菜肴的基本常识。"

张东东一家异口同声地说:"好呀!"他们对视一眼,都笑了起来。

Schneider 太太介绍道:"在一般正规的场合下或者在餐馆里就餐,按上菜的顺序,德国的饭菜可以分为三大类:小菜(Vorspeise),主餐(Hauptspeise),饭后甜食(Nachtisch)。小菜指的是在上主食之前,喝一碗汤,或者吃一盘沙拉,作为开胃菜。"

"那主餐是最重要的部分。"

"这是自然的,主餐也称为正餐,通常有各种肉类,加上配菜。肉类有猪肉、羊肉、鸡肉等,做法有烤、烧、炖,或者肉类进行加工,做成各种各样的香肠、肉丸子等等。"

"德国的主食是土豆,对吗?"

"是的。"

"有哪些配菜呢?"

"主要配菜有酸菜、黄油奶酪、面疙瘩、扭结饼等,还再加上不同的酱料。"

"Schneider 太太,您能举个酱料的例子吗?"

"例如,法兰克福就有一个有名的酱料,它叫青酱(Grüne Soße)。这是一种用蛋黄酱、酸奶油或酸奶制成的冷香草酱。青酱的特殊之处是这些草药必须由法兰克福奥贝拉德(Oberrad)区的园丁种植,然后用白色袋子出售。"

"还很讲究呀。"

"要不怎么能成为典型的法兰克福菜肴之一呢?"

"如何用它呢?"

"青酱可以有许多做法,例如用酱汁搭配 4 个半个鸡蛋和煮熟的土豆一起吃。"

"最后一道菜是饭后甜食,它一定是水果吧。"

"饭后甜食可以是水果,也可以是自己做的五花八门的甜食,例如新鲜草莓加鲜奶油、葡萄汁、红果冻等。在整个用餐过程中,还有饮料,例如红葡萄酒、白葡萄酒、果汁等。有时,最后还上白酒,说是帮助消化。"

"德国的饮食与中国大不相同。Schneider 太太,您今晚做的菜是典型的德国菜肴吗?"

Schneider 太太回答道:"当然,烤猪肉配土豆丸子和酸菜就是典型的德国菜肴之一。"

这时,Schneider 太太走近炉子,把盖子打开,一阵阵的香气从锅里冒了出来,肉香味更浓了,张东东一家全都走到炉子边,Schneider 太太说:"我用叉子叉一下,若容易叉进去,就可以了,若还不行,就要再煮一煮。"

她用叉子叉了一下肉,说:"可以了。"然后她关上了火。丁玲玲问:"现在还需要做什么?"

烤猪肉配小面包丸和凉拌卷心菜(Schweinebraten mit Semmelknödel und Krautsalat)(陶翠屏 摄)

"土豆丸子不用做,等到吃饭之前放到水中煮就可以了。"

过了一段时间,Schneider 太太叫道:"玲玲,现在我要开始做土豆丸子了。"丁玲玲马上走下来。

"根据包装上的说明,将土豆丸子放入盐水(2 茶匙)中,将水煮沸。"

"我知道了。"

"现在用锋利的刀将烤猪肉切成片,烤猪肉配饺子、酱汁、酸菜和烤蔬菜,用

中国人在德国学德语的故事

欧芹装饰。"

一切就绪,Schneider 太太大叫一声:"开饭了。"于是,张东东和平平下了楼,大家坐在一张长方形的餐桌前,Schneider 太太端上来一碗汤,这是德国的餐前小吃,然后上了主食——烤猪肉配土豆丸和酸菜。最后还有饭后甜食——水果。这是一顿典型的德国饭菜,张东东一家三口与 Schneider 太太吃得可香了。

35　如何区别可变与不可变词类？

丁玲玲学过英语，所以在学德语的过程中，她常常把德语与英语进行比较。在今天上午上德语课时，她向 Schneider 太太提出了这样的一个问题："英语的单词可分为名词、代词、形容词、数词、动词、副词、冠词、介词、连词和感叹词这十大类，德语的词类也分为这几类吗？"

"德语的词类与英语一样，也分为十大类。不过，它们之间有相同之处，也有不同之点。"

"它们有哪些相同之处？"

"德语和英语的单词均分为十大类，并且是一模一样的十大类。"

"它们有哪些不相同之点呢？"

"不相同之点在于德语单词又分为可变和不可变的词类。"

"可变和不可变的词类是什么意思？"

"换句话说，有些词在句子中会发生变化，有些词则保持原样，不会改变。"

"哪些词是可变的？哪些词又是不可变的呢？"

"冠词、名词、形容词、数词、代词和动词属于可变的词类，副词、介词、连接词和感叹词属于不可变的词类[①]。例如，名词常与冠词结合在一起使用，随着名词在句子中位置的改变，除了名词自身会有性、数、格的变化之外，它前面的冠词也有性、数、格的变化。"

"可变化的词类与不可变化的词类如何区别呢？"

"可变化的词类与不可变化的词类区别在于前者有性、数、格的变化，而后者无变化。"

"Schneider 太太，您能简单介绍每个词类及其特征吗？"

"好的，我先从可变化的词类开始，然后介绍不可变化的词类。不过，德语词类怎样分，如何看，有各种各样的说法，下面只是我的看法。"

"行。"

---

① 德语词类表详见附录 11。

中国人在德国学德语的故事

于是,Schneider 太太开始介绍德语的词类。

(1)名词(Nomen)。德语的名词也被称为 Hauptwörter、Substantive 或 Namenwörter。它们表示人、事物、生物和抽象事物。名词按意义可以分为两类:具体名词和抽象名词。名词总是大写,经常与冠词一起使用,有性、数、格之分,以及不同变化。

(2)冠词(Artikel)。冠词伴随着名词,也称为名词伴侣(Nomenbegleiter)或性别词(Geschlechtswörter)。它是名词语法性别,在内容上没有实际意义,只是更详细地描述了名词。由于名词是变形的,它们的同伴必须也随之而变。此外,在某些情况下,冠词还表明名词是单数还是复数。冠词可以分为定冠词和不定冠词,定冠词包括 der、die、das、die(复数),不定冠词包括 ein、eine、ein。

(3)形容词(Adjektiv)。形容词的德语也称为 Eigenschaftswörter 或 Wiewörter,这是因为它们能用于更详细地描述人、生物、环境和事物。在大多数情况下,形容词可以比较。例如:

schön(美丽的)——比较级:schöner(更美丽)——最高级:am schönsten(最美丽);

groß(大的)——比较级:größer——最高级:am größten;

alt(老的)——比较级:älter——最高级:am ältesten;

teuer(贵的)——比较级:teurer——最高级:am teuersten。

(4)代词(Pronomen)。代词也称为 Fürwörter,是名词的同伴或代表。它们确定、指定和/或替换相应的名词。代词与名词一样,有性、数、格之分,以及不同变化。例如:

Ich habe einen Hund. **Er** bellt oft.(我有一条狗。它经常叫。)

Die Polizei sucht den Dieb, **der** die Handtasche geklaut hat.(警方正在寻找偷走手提包的小偷。)

Das ist **mein** Pullover.(这是我的毛衣。)

(5)数词(Numerale)。数词表示某事发生的次数,这就是为什么它们也被称为数词(Zahlwörter)。例如:

Sie hat **zwei** Katzen.(她有两只猫。)

Viele Kinder mögen Gummibärchen.(许多孩子喜欢小熊软糖。)

Da sind **zehn** Euro.(这里有十欧元。)

(6)动词(Verb)。动词提供有关活动、过程或状态的信息。因此,它们也被称为动作词。动词具有许多功能和任务,是句子中最重要的词。它有不同的时态和语气,此外,它还可以变位。例如:

machen → **Mach**' das!(干吧!)

spielen → Sie **spielt** gerade.（她正在玩。）

lernen → Ich **muss** nachher noch **lernen**.（我以后还要学习。）

（7）副词（Adverb）。副词也称为 Umstandswörter 环境词，能更准确地指定一个词或句子的情况。确切的情况可以通过问 W 问题轻松找到：Wann（什么时候），Wo（在哪里），Wohin（在哪里）Woher?（从哪里来），Warum（为什么）。

副词类型主要分为四种：地点副词（位置）、时间副词（时间）、情况副词（方式）、因果副词（原因）。分别举例为：dort（那里），gestern（昨天），so（这么，那样），deinetwegen（为了你，因为你）。

（8）介词（Präposition）。介词用于描述两个事物之间的空间、时间、因果或方式关系。它们通常直接位于其参考词的前面，也称为 Vorwörter（前缀）或 Verhältniswörter（前置词）。它们确定其后续名词的格。例如：

Der Teppich liegt **unter** dem Tisch.（地毯在桌子下面。）

Ich stehe **gegenüber** des Museums.（我站在博物馆对面。）

Er geht **durch** die Tür.（他穿过这扇门。）

（9）连接词（Konjunktion）。连接词也称连词 Bindewörter，它将词、句子成分或主从句和从句之间相互连接起来。例如：

Er isst einen Apfel, **weil** er hungrig ist.（他吃一个苹果，因为他饿了。）

Ich werde in den Park **oder** zum See gehen.（我会去公园或湖边。）

Du möchtest nicht schlafen, **sondern** lieber ein Buch lesen.（你不想睡觉，只想看书。）

（10）感叹词（Interjektion）。感叹词传达感觉、感觉、感叹和声音。因此，它们也被称为 Empfindungswörter（情感词）或 Ausrufewörter（感叹词）。例如：tja（唉，嗯），hoppla（喔唷！）。

"哇！Schneider 太太，您解释得真好！"

"这些内容不是马上就能'消化'的东西，要慢慢地去体会和使用它们。"

"我记住了您的话，谢谢您！"

"玲玲，时间不早了，现在得准备做午饭了。"

于是，她们两人各自忙着做午饭了。

36　句子有哪几个主要成分？

今天，又到了丁玲玲上德语课的时候了。Schneider太太问丁玲玲："玲玲，今天上课的主题是什么？"

丁玲玲回答道："英语有句子成分，如主语、谓语、宾语等，德语的句子有哪些主要成分？"

"要想表达自己想要说的内容，首先要知道句子有哪些主要成分。正如英语句子成分一样，德语句子有4个主要部分：主语、谓语、宾语和状语。德语也可将句子分为核心部分和补充部分。"

"什么是核心部分？"

"句子的核心部分由主语和谓语组成。主语是句子中所描述的人或者物，谓语是主语的行动或过程。"

"什么是补充部分？"

"所有对主语和谓语加以详细说明的补充内容属于句子的补充部分，例如宾语和状语等。宾语是谓语行为所涉及的对象，即人或事物。"

"这类似于英语。"

"德语的宾语分为第三格宾语（Dativobjekt）和第四格宾语（Akkusativobjekt）。"

"这与德语性、数、格挂上了钩，对吗？"

"是的，第三格宾语是间接宾语，第四格宾语为直接宾语。德语中有不少的动词需要两个宾语，第三格宾语回答wem(谁)，第四格宾语回答was(什么)。"

"听起来就好像与英语一样，但英语没有第三格和第四格之说。"

"除了德语名称有性之分外，格也是德语的特征之一。现在我举个例子。"

Schneider太太在一张纸上写下：

Die Katze frisst einen kleinen Fisch.（这只猫吃一条小鱼。）

"在德语中，存在着单词类型和句子元素。每个单词均可以归属于10种单词类型之一。玲玲，你看，这个句子中有多少个单词？"

丁玲玲用手指尖指着这张纸上的每个单词，数了数，"这个句子一共有6个单词。"

"你知道每个单词属于哪一类词的类型吗?"

"我不太清楚。"

Schneider 太太耐心地解释说:"正如你说的那样,这个句子中有 6 个单词:

'Die'是(定)冠词,意为这(只);

'einen'是(不定)冠词,意为一(条);

'Katze'是名词,意为猫;

'Fisch'是名词,意为鱼;

'frisst'是动词 fressen 的变位,意为(动物做主语)吃;

'kleinen'是形容词,意为小的。"

"哦。"

"这些单词又归属于德语中的 4 种词的类型:冠词、名词、动词和形容词。"

丁玲玲点了点头。

"你画一画这个句子由多少部分组成。"

丁玲玲拿着笔,边说边画道:"主语(Subjekt,简称'S')是'Die Katze';谓语(Prädikat,简称'P')是'frisst';宾语(Objekt,简称'O')是'einen kleinen Fisch'。"

"很好,全都对!"

Schneider 太太在一张纸上又写下一句话:"Einen kleinen Fisch frisst die Katze."

"你再画一下这个句子的组成成分。"

"第一句:Die Katze frisst einen kleinen Fisch.

主语,谓语,宾语,即 SPO;

第二句:Einen kleinen Fisch frisst die Katze.

宾语,谓语,主语,即 OPS。

这两句成分没有变,两句话的意思也相同,只是主语与宾语交换了位置。"

"对,你观察得很仔细。句子中的句子成分[①]可以移动,从而使句子在语法上保持正确。"

"也就是说,这些固定的小单元在句子中是可以一起移动的。"

"正是此意,但要有一个原则,那就是保持句子语法正确,意思表达合理,符合逻辑。例如:

第一句:Die Katze frisst einen kleinen Fisch.(这只猫吃一条小鱼。)

[①] 德语句子成分表及举例详见附录 12。

> 中国人在德国学德语的故事

第二句:Ein kleiner Fisch frisst die Katze.（一条小鱼吃掉这只猫。）

虽然,第二句在语法上没有错误,但在句子的陈述上不符合通常的逻辑,显得毫无意义。"

"您再举一个例子吧。"

"玲玲今天已经讲了许多了,到做午饭的时候了,下次再聊。"

"好的。"

丁玲玲今天收获很大,她拿着平平的教科书,抄写了几个句子,慢慢地在上面画出句子的成分。她还在回味着 Schneider 太太今天所讲的内容。

37　谓语放在句中的什么位置？

第二天,丁玲玲按照昨天 Schneider 太太讲的句子成分,用德语写了一个句子:
Gestern ich las ein Buch。(昨天我读了一本书。)
到了下一次上德语课的时候,丁玲玲把自己写的这个句子交给了 Schneider 太太。Schneider 太太看后笑着对丁玲玲说:"你肯定是用英语的思维方式写的德语句子,对吗?"
"Schneider 太太,您怎么知道呢?"
"这是学过英语的外国人在学德语的时候通常会犯的错误。现在我给你写几个句子。"
Schneider 太太在纸上写如下几个句子:
英语:Yesterday I read a book.
德语:Gestern las ich ein Buch.
或:Ich las gestern ein Buch.
或:Ein Buch las ich gestern.
Schneider 太太写好句子后,问道:"玲玲,你看,从这几个德语句子中,你能找出什么规律吗?"
丁玲玲拿着这张纸,左看右看,一想再想,读来读去,怎么也没找到什么特别之处。Schneider 太太提示的一句:"你仔细看一看谓语。"
"谓语……"丁玲玲思考了一会儿,说道:"德语的谓语好像总是在句子中的第二位。"
"对了,玲玲,你找到了问题的关键。"
"谓语放在句中的什么位置?"
"在德语中,谓语总是放在句中第二位,这是德语与英语最大不同点之一。不管句子顺序怎么变化,谓语第二位的位置保持不变。当然疑问句除外。"
"谓语在疑问句应在什么位置?"
"带疑问词的疑问句,疑问词放在句首,谓语还是放在句中第二位。若在不

中国人在德国学德语的故事

带疑问词的疑问句中,谓语放在句首。举个例子。

带疑问词的疑问句:**Was** ist das?（这是什么？）

不带疑问词的疑问句:**Lernt** ein Chinese Deutsch?（一位中国人学德语？）

这与英语类似。"

"若谓语由多个动词组成,那它们该如何处理呢？"

"这好办,如果谓语由 2 个以上部分组成的话,则把变动的动词部分放在第二位,其他的部分放在句尾。在这里举一个例子。"

Schneider 太太在纸上接着写道:

简单格式:一个句子至少由一个主语(S)和一个谓语(P)组成。

   1 2
Die Kinder **spielen**.（孩子们在玩。）
   S P

若这个简单的句子现在扩展一个宾语(O),宾语放在谓词之后或谓词括号的中间。

   1 2 3
Die Kinder **spielen** Fußball.（孩子们在踢足球。）
   S P O

   1 2 3 4
Die Kinder **haben** Fußball **gespielt**.（孩子们踢了足球。）
   S P1 O P2

"在最后一句中,宾语'Fußball'放在谓语 P1 和 P2 之间,这是德语典型的谓语框形结构,要记住喽。"

"什么是谓语的框形结构？"

"在陈述句中,限定动词形式(die finite Verbform),也就是有人称变化的部分,总是排在第二位,即使在大部分谓语中也是如此。大部分谓语的第二部分总是在句子的末尾,它也称为无限定动词形式(die infinite Verbform),即它保持原形,没有变化。谓语的两个部分像括号一样包围句子的其他部分,因而被称为谓语的框形结构。"

"框形结构的确很特别。"

"在我举的最后一个例子中,谓语有两个部分。谓语的第一部分 P1 是 haben,它位于句子中的第二位。谓语的第二部分 P2 是 gespielt(分词),它位于句尾。"

"这与英语截然不同。"

"通常，主语放在第一位，表示强调它。但为了强调句子中某一部分，也会将这部分放在首位，所以就出现了句子中的句子成分移动的现象。"

丁玲玲点了点头。

"玲玲，你再看看，你写的这个句子错在什么地方？"

"错在谓语放在了第三位，而不是第二位。"

"你现在明白了，我很高兴。你能再写一个句子吗？"

丁玲玲想了想，用笔写下："Jetzt gehe ich zum Einkaufen.（现在我要去购物。）"

Schneider 太太伸出大拇指，说："好！"

随后两人一起到超市买东西去了。

38　形容词有哪些类型？

今天早上，张东东和平平吃完早饭后，先后离开了家。丁玲玲洗完了碗，收拾好了东西。家里很安静，她终于有了属于自己的时间。在厨房，她拿着女儿平平的德语课本，翻了几页。这时，Schneider 太太走过来，"玲玲，你在干什么呀？"

"没干什么，我随便翻翻平平的课本。"

"你又发现了什么新问题吧。"

"在课本里，有些形容词有词尾变化，有些没有。"

"哦，有关形容词的问题。"

"是的。"

"你有什么问题只管问吧。"

"形容词有哪些特征？"

"你要想知道形容词的特点，就必须先知道什么是形容词。"

"形容词是用来描述事物的特征、性质或状态的词。"

"你概括准确，例如，das **leckere** Essen（美味的食物）、die **schnelle** Brieftaube（快速信鸽），die **dumme** Antwort（愚蠢的答案）。在德语中，这也是为什么它们通常被称为形容词或如何/怎样词。它们总是小写的。"

"形容词有哪些类型？"

"德语形容词分为三种不同类型。"

"哪三种？"

"它们分为谓语、状语或定语的形容词。"

"什么是谓语形容词？"

"谓语形容词出现在名词和动词 sein、bleiben 和 werden 之后，它们的形式不会改变，例如：

Der Mann **ist** *jung*.（这个男人年轻。）

Die Frau **bleibt** *schön*.（女人依然美丽。）

Das Kind **wird** *groß*.（孩子正在长大。）

在句子中的形容词 jung、schön 和 groß 均没有改变，保持原形。"

"什么是状语形容词?"

"当形容词作为副词使用时,它更准确地说明动词,那么它就是状语形容词,例如:

Die Mutter **singt** *leise*, bis ihr Kind einschläft.(母亲轻轻地唱歌,直到她的孩子睡着了。)

Ich **will** nur noch *schnell* einen Happen **essen**①.(我只想快点吃点东西。)

Es **geht** mir *gut*.(我很好。)

在这几个例子中,形容词的基本形式 leise、schnell、gut 在它所形容的动词(见例句中深色所写的单词)之后,基本形式保持不变。"

"定语形容词也一样吗?"

"定语形容词是更准确地描述名词的词,它出现在名词之前,而且还有变化。"

"请举个例子吧。"

"例如:das *lange* **Warten**(漫长的等待);die *warme* **Sonne**(温暖的太阳);ein *gutes* **Kleid**(一件好衣服)。在这种情况下,形容词必须变格。这意味着它们要随着后面名词的性、数、格而变化。"

"名词前的形容词怎样变格呢?"

"形容词的变格取决于它前面冠词的形式,即定冠词、不定冠词、无冠词,因而将形容词分为强、弱和混合变化②。"

"定冠词后的形容词如何变格?"

"当形容词出现在定冠词(der、die、das)之后时,形容词按弱变格进行。也就是说,形容词的结尾需要加上-e 和-en。

例如:Mit diesem klein**en** Hund gehe ich spazieren.(我带着这只小狗去散步。)

这里的形容词是 klein,它所形容的名词 der Hund,是阳性、单数、第三格,在它前面有定冠词,所以形容词为弱变化,klein 后面加上-en。"

"不定冠词后的形容词怎样变格呢?"

"由于不定冠词(ein、eine)不存在复数形式,所以只能在不定冠词后用形容词来形容单数名词。当形容词放在不定冠词、物主代词或 kein 与名词之间时,形容词按混合变格进行。

例如:Ich habe ein klein**es** Haus.(这是我们小狗的皮带。)

---

① 此句是德语的谓语框形结构。
② 德语强、弱和混合变化形容词词尾变化表详见附录 13。

> 中国人在德国学德语的故事

这里 Haus 是中性、单数、第四格。"

"如果形容词放在否定冠词和名词之间,同样适用吗?"

"如果形容词放在否定冠词和名词之间,同样适用。

例如:In diesem Laden gibt es keine klein**en** Computer.(这家店里没有小电脑。)

这里的名词 Computer 是阳性、复数、第四格,形容词 klein 位于否定冠词和名词之间,所以,klein 按混合变化,即加后缀-en。"

"形容词之前无冠词的变格呢?"

"如果形容词前面无冠词,那么它就要强变格。

例如:Ich esse lecker**e** Nudeln.(我吃美味的面条。)

这里的形容词 lecker,它所形容的名词 die Nudeln 的复数、第四格,在它前面无冠词,所以形容词按强变格进行,lecker 后面加上-e。"

这时,叮当,叮当……叮当,钟声响了,现在是 10 点钟了,Schneider 太太说:"时间不早了,我得出去一趟,我们下次再聊。"

"好的,Schneider 太太,谢谢您!"

现在,Schneider 太太出门了,丁玲玲还在仔细回忆 Schneider 太太给她讲解有关形容词的内容。

39 如何识别名词的格?

这几天丁玲玲一直在看 Schneider 太太放在书架上的书,寻找名词。她发现德语名词的冠词不断在变,在她头脑里出现了一个接一个问号。她期待着的德语课今天终于到来了。通常,德语课从 Schneider 太太问她开始,可今天她破天荒地首先开口问问题:"Schneider 太太,您看书上这些名字是阴性的,但是它们的冠词一会儿是 die,一会儿是 der,一会儿又是 deren,为什么?"

"这属于德语名词的格的变化。"

"什么是德语名词的'格'?"

"'格'是一种可变格词的特殊形式,通过这种形式把这个词在句子中与其他词的关系表现出来。"

"德语名词有多少个'格'?"

"现代德语只有四个'格'。"

"哪四个呢?"

"第一格为 Nominativ,第二格为 Genitiv,第三格为 Dativ,第四格为 Akkusativ。"

"有什么办法来识别是哪一格呢?"

"为了识别一个句子中的四个格,你需要知道这四格的疑问词。然后,你只需重新排列句子,以达到你要求的其中一种。这四格的疑问词分别是:

Nominativ:Wer oder was?

Genitiv:Wessen?

Dativ:Wem?

Akkusativ:Wen oder was?"

"Schneider 太太,您能说得更具体一些吗?"

"要确定是哪一'格',就要看句子是回答如下四个问题:

第一格——回答'谁或什么(主语)'的问题;

第二格——回答'谁的(定语)'的问题;

第三格——回答'给谁(宾语为人)'的问题;

中国人在德国学德语的故事

第四格——回答'谁或什么(宾语为人或物)'的问题。"

"哇,真复杂,我没有懂,最好举个例子。"

"好的,例如:

Der Bruder meiner Mutter schenkt meiner Schwester ein Fahrrad.(我妈妈的兄弟送给我妹妹一辆自行车。)"

Schneider太太将这句子结构列出一张表(见表39-1),"玲玲,你看,整个句子可以分成4个组成部分:

(1)Der Bruder meiner Mutter → 主语 ＋ 定语;

(2)schenkt → 谓语;

(3)meiner Schwester → 宾语为人;

(4)ein Fahrrad → 宾语为物。"

表39-1 句子结构举例

主语 ＋ 定语	谓语	宾语:人	宾语:人或物
Nominativ ＋ Genitiv	Prädikat	Dativ	Akkusativ
Der Bruder meiner Mutter	schenkt	meiner Schwester	ein Fahrrad.

"这是一个肯定句,但怎样问呢?"

"这个问题问得好!"

"怎样问第一格?"

"问第一格,也就是问主语:

Wer schenkt meiner Schwester ein Fahrrad? →Der Bruder →Nominativ→主语。"

"怎样问第二格呢?"

"第二格,即定语,也称所属格,是这样问的:

Wessen Bruder schenkt meiner Schwester ein Fahrrad? →meiner Mutter →Genitiv →定语。"

"第三格呢?"

"第三格宾语指的是给谁,所以:

Wem schenkt der Bruder meiner Mutter ein Fahrrad? →meiner Schwester →Dativ →宾语:给谁。"

"我猜第四格宾语是问给什么东西,即:

Was schenkt der Bruder meiner Mutter meiner Schwester? →ein Fahrrad →Akkusativ→宾语:给什么。"

"不错，说得对，如果将它们合在一起的话，就是：
Der Bruder meiner Mutter schenkt meiner Schwester ein Fahrrad.
→我妈妈的弟弟送给我妹妹一辆自行车。"

"其他的词也这样吗？"

"名词、它们的同伴（冠词）和它们的替代物（代词）[①]随着各自的情况而变化，这种调整称为变格。"

"今天学了不少东西，我还得好好想一想。"

"是的，慢慢来，你一定会学会的。"

"谢谢 Schnieder 太太的帮助！"

今天的德语课结束了。

---

① 德语不同代词的变格表详见附录 14。

40 电视节目 *Sandmännchen* 的灵感来源于何处?

环境对学好外语有时能起到举足轻重的作用。平平开始上学了,如何提高她的德语水平,让她跟得上学校的课程,成为她父母心中的一块"疙瘩"。

这一天,丁玲玲在家正在思考有什么办法可以提高平平的德语水平。她问 Schneider 太太:"平平已经上学了,但她的德语水平还不行,怎样才能尽快地提高她的德语水平呢?"

"平平还小,又聪明,学东西快。"

"我怕她上课听不懂,以后不愿意去上学了。"

"有一个办法,可以比较快地提高她的德语水平。"

"什么办法?"

"就是看电视。"

"德国电视中的节目都说得太快,又太复杂,不容易懂呀。"

"你要找到合适的频道,还要找到合适的节目,德语电视中就有专门为儿童开设的节目。"

"这个频道叫什么?"

"KIKA,它是专门为儿童开设的频道。"

"您认为哪一个节目合适?"

"有一个节目我认为很合适,就是每天晚上大约 18 点 50 分在该频道播放的 *Sandmännchen*(《小沙人》)。"

"它讲的是什么内容?"

"在孩子晚上睡觉之前,看 *Sandmännchen* 播放完一个故事,就上床睡觉了,所以,*Sandmännchen* 也被称为晚安故事。"

"平平已经过了每天晚上听故事的年龄了吧。"

"这没有关系,这个节目故事简单,人物有趣,容易听懂,孩子可以借此学学德语嘛。"

"每天晚上都有?"

"是的,每天都有。"

40 电视节目 Sandmännchen 的灵感来源于何处?

"Sandmännchen(《小沙人》)这个节目已经有多长时间?"

"它已有 60 多年了。"

"有这么长的历史了!"

"在德国,有着给孩子们睡前读书和讲故事的悠久传统。这个电视剧节目来源于以前的东德。1959 年 11 月 22 日,Unser Sandmännchen(《我们的小沙人》)首次出现在东德银幕上。电视播音员在前一天晚上宣布了首映式:下午 6 点 55 分,我们的 Sandmännchen 将来向小观众道晚安。"

"Sandmännchen 的灵感来源于何处?"

"电视中的 Sandmännchen 是根据 Hans Christian Andersen(1805—1875)同名童话中的 Sandmann 改编的。在书中,有一个小妖精叫 Ole Lukøje,翻译成德语为 Ole Augenschließer(Ole 闭眼器)。在丹麦原文中提到的不是 Schlafsand(睡沙),而是忙碌的侏儒喷在孩子们眼里的'甜牛奶'。'沙子'最早是由德国翻译家带入童话故事之中的。'Ole Augenschließer'用小故事使孩子们的睡前时光变得甜蜜,引发了 Sandmännchen 节目的制作者的灵感。"

"这个节目达到了它的目的。"

"没错,这个节目的任务是,用精彩的睡前故事让孩子们更愉快地上床睡觉。"

"有意思。"

"据说,它是世界上播放时间最长的一个节目,从 1959 年到现在,每天晚上不知有多少儿童在电视机前等待这个故事。"

"没想到,德国还有这样的节目啊。"

"今天晚上,先让平平看一看,试一试。"

"好的,我也可以加入学德语的行列之中。"

"可能开始会有些困难,但我相信,平平一定可以从中学到不少德语的。"

"这是个好办法。"

到了晚上,听吃完晚饭,丁玲玲叫平平一起来到客厅里,Schneider 太太已经在那里等着了,她对平平说:"平平,今天我们一起看电视吧。"

正好这时,Sandmännchen 开始了,音乐一响,歌声一唱,一下子把平平吸引到电视屏幕中的故事中。电视节目不到 10 分钟,看完后,平平问 Schneider 太太:"奶奶,这个电视每天都有吗?"

Schneider 太太回答道:"每天 18 点 50 分在 KIKA 频道都有。"她接着问:"平平你喜欢这个节目吗?"

"我喜欢,明天我还想接着看。"

"好呀!"

中国人在德国学德语的故事

Schneider 太太和丁玲玲两人相互看了一眼,她们两人跟平平一样,笑逐颜开,她们的目的已经达到了。

2022 年 12 月 11 日播放的电视节目 *Sandmännchen*

(来源:https://www.ardmediathek.de/video/unser-sandmaennchen/geschichtenerzaehler-fuchs-und-hahn-oder-unser-sandmaennchen-oder-11-12-2022/rbb-fernsehen/Y3JpZDovL3JiYl8yMGI2ZTYzMi0wZmMzLTQ0Y2QtOWRiMC02NzQ4ZTkyMjk0YjNfcHVibGljYXRpb24？isChildContent＝)

41 Schrebergarten 有哪些特点？

自从平平上了学，认识了她的同桌 Sabina 之后，两人一下子成了好朋友。她们早上一起上学，放学一起回家。吃完午饭后，她们又在一起做作业，一起玩耍。除了吃饭和睡觉外，几乎是形影不离，这给平平学德语创造了很好的条件。从 Sabina 那里，平平学到了许多东西。她的德语水平一天一个样。平平的父母也积极配合，他们知道这是一个难得的好机会。尽管平平也可以在 Schneider 太太那里学习德语，但没有孩子在玩耍中学得轻松，学得自然，学得愉快，接受得快。

今天平平放了学，进屋放下书包便对她妈妈说："妈妈，Sabina 下午要与她妈妈去菜园子浇水，我想跟她们一起去。"

"做完了作业，你就可以去。"

"今天没作业。"

丁玲玲接着问："Sabina 家有菜园子？在什么地方？"

"她说有，在什么地方我不清楚。不过，她说，离我们住处不远，大约走十来分钟。"

"那我也想跟你们一起去，要不你现在打个电话问一下。"

"行，我打个电话问问。"

丁玲玲把手机交给了女儿平平，平平迅速输入了电话号码，电话被接通，平平听到电话那头说道："Hallo."

"是 Sabina 吗？我是平平。"

"平平，你下午一起去菜园子吗？"

"Sabina，我妈妈也想去，你能问一下你妈妈，看行不行？"

"平平，你等一会儿。"

没过一会儿，Sabina 回来又说："我妈说了，没问题，她还想约你妈妈聊一聊呢。"

"我们等会到你家去。"

"好呀！"

中国人在德国学德语的故事

半个小时后,丁玲玲带着平平,过了马路,来到斜对面 Sabina 家,还没有等平平按铃,Sabina 就开了门,说道:"请进。"

丁玲玲和平平走进了 Sabina 的家,Sabina 的妈妈正在收拾东西。

丁玲玲问 Sabina 的妈妈:"Kerstin,你们家的菜地在哪里?"

"离这里不远,就在 Rosenhöhe 附近。"

"你们准备好了没有?"

"好了,现在我们可以出发了。"

"好嘞。"

两位妈妈在一起总有话说。她们走出家门,边走边说。丁玲玲不太会说德语,不时夹着一些英语,还加上手势。她们的两个孩子在前面边走边笑,手牵着手,也有说不完的话,这让两个妈妈感到格外的欣慰。

大约走了十来分钟,Sabina 的妈妈指着前面的一片地说:"前面就是我们家的菜地。"

"你们有这么大的一块地啊!你哪有那么多时间和精力来收拾呀!"

"不是的,我们只是租了其中的一块小地,大约 100 多平方米。"

"租的?租金是多少钱?"丁玲玲提出一连串的问题。

Sabina 的妈妈回答道:"你看,东家将地都划分了好多方块,每块地长 15 米,宽 2 米,租金为 150 欧元。"

"租多久?"

"从今年 4 月份到明年 1 月份。"

"你们怎么想到租地种菜呢?"

"我和我的老公都来自小城镇,在家都有自己的小菜园子。现在我们来到了达姆施塔特,住处没有种菜的地方,我们都觉得没有菜园子好像缺少了什么。"

"达姆施塔特在德国属于中等城市,在城市里还可以种菜吗?"

"在德国各种城市里中都有菜园子,这种城市中的菜园子,德语叫 Schrebergarten(私用园地)。"

"Schrebergarten 有什么特点?"

"城市中有剩余的地,无法利用其做什么,如铁路旁边,房子边角,这些地大多数归国家政府所有,也有私人的。土地所有者将这些地出租给私人,让人去耕种,人们可在地里种植树、草、花、蔬菜等,一切由自己做主。"

"什么人都可以租吗?有什么条件限制吗?"

"当然是有条件的,最主要的条件是,你必须把地种植好,不能把它给荒废了。"

"人总有懒的时候,或者有事出门不在家,那可怎么办?"

"那你必须请别人代劳。"

"如果做不到呢?"

"如果你不能把地种好,达不到要求,土地所有者会责令你交还土地,等你退回菜园之后,再让别人去种。你知道吗,等着种地的人可排着长队呢。"

"哪有这么多的人想种地?"

"当然有了。想种地的人各有所好:有的人是想吃自己种的菜,干净无污染;有的人没有许多钱,想节省买菜和水果的钱;有的人则想通过种菜,忘掉工作上的烦恼;也有的人喜欢大自然,喜欢种菜。所以,不缺种地的人,只缺地。一个城市中,不会有多少空地让你去种的。"

"我看得出,你对种菜有兴趣呀!"

"你看,我从农民那租了一块地,自己撒种,自己施肥,自己浇水,自己松地除草,最后收获我们自己种的菜,多快乐呀!"

她们一起除掉了野草,松了土,浇了水,还摘了几棵青菜。太阳开始落山了,她们收拾好东西,孩子们唱着歌儿,她们一行四人迎着晚霞走在回家的路上。

达姆施塔特租给私人的菜地(陶翠屏 摄)

42　ARD 在德国如何分布的？

周末刚过完，这天上午丁玲玲去超市买东西，她推着小车进去，听到后面有人喊："玲玲，玲玲！"她回头一看，原来是 Sabine 的妈妈。

"Kerstin，你也来买东西。"

"这个周末过后，家里冰箱中没有什么东西了，不买不行呀。"

"我也一样。"

"昨天，平平到我们家来玩，我发现她的德语大有提高。"

"还可以吧，主要是与你的女儿在一起，Sabine 给了平平很多帮助。"

"小孩子学得快，平平也很用功。"

"对了，平平说，昨天在你们家看了一个叫什么'Maus'的电视节目，觉得很有趣。你知道这是什么节目吗？"

"这个节目叫 Sendung mit der Maus（《老鼠的节目》）。"

"它主要讲什么内容？"

"孩子们有什么问题提出来，电视节目来解答。"

"一问一答，有意思。"

"这有些像科技普及片，涉及面特别广，它既有丰富的内容，还具有趣味性、科学性和故事性。不仅孩子们爱看，就连我们成年人也爱看，我和我先生也是'Maus'迷。"

"在哪个电视台？什么时候播放？"

"周日 9 点 30 在德国广播电视联合会（ARD）电视台播放，每周一次。"

"这节目已有多长时间呢？"

"从 1971 年开始，一直到现在，该节目由西德意志广播电台（WDR[①]）制作。"

"WDR 是属于哪个地方的电视台？"

"WDR 是一家公共广播和电视广播公司，于 1956 年在联邦北莱茵-威斯特法伦州成立。这家公司下的非营利机构（国家广播公司）的总部设在科隆。它属

[①] WDR（**W**estdeutscher **R**undfunk）是西德意志广播电台的缩写。

于 ARD①。"

"德国 ARD 由哪些电视台组成?"

"目前 ARD 由西南德意志广播电台(SWR②)、巴伐利亚广播电台(BR③)、南德意志广播电台(SR④)、黑森广播电台(hr⑤)、WDR、西北德意志广播电台(NDR⑥)、不来梅广播电台(Radio Bremen)、柏林-勃兰登堡州广播电台(rbb⑦)和中德广播电台(mdr⑧)组成。"

Sendung mit der Maus 中的老鼠、大象和小鸭(陶翠屏　摄)

"哇,真不少呀!"

"ARD 什么时候成立的?"

"1950 年 6 月 9 日,六个独立的广播电台联手成立了一个工作组,这就是 ARD。这六个独立的 NDR、BR、hr、SR,以及 SWR 和 Radio Bremen。ARD 的诞生为今后各电视台联合做电视节目和广播奠定了基础。"

丁玲玲一边听 Kerstin 的讲解,一边看着德国国家广播公司电视台分布图(见下图),她问道:"Kerstin,东部还有两个。"

---

① ARD(**A**rbeitsgemeinschaft der öffentlich-rechtlichen **R**undfunkanstalten der Bundesrepublik **D**eutschland)是德国广播电视联合会的缩写。
② SWR(**S**üd**w**est**r**undfunk)是西南德意志广播电台的缩写。
③ BR(**B**ayerischer **R**undfunk)是巴伐利亚州广播电台的缩写。
④ SR(**S**üddeutscher **R**undfunk)是南德意志广播电台的缩写。
⑤ hr(**H**essischer **R**undfunk)是黑森广播电台的缩写。
⑥ NDR(**N**ordwest**d**eutscher **R**undfunk)是西北德意志广播电台的缩写。
⑦ rbb(**R**undfunk **B**erlin-**B**randenburg)是柏林-勃兰登堡州广播电台的缩写。
⑧ mdr(**M**ittel**d**eutscher **R**undfunk)是中德广播电台的缩写。

▍中国人在德国学德语的故事

"这以前属于东德的区域。"

"rbb 总部在何处?"

"柏林-勃兰登堡州广播电台总部设在柏林和波茨坦(Potsdam)。2003年,rbb 由以前的自由柏林广播电台(SFB)①和东德意志勃兰登堡广播电台(ORB)②合并创建。"

"Kerstin,我想到那边买东西,谢谢你的建议和解释!"

"玲玲,不客气! 我就在这里买东西,等会儿见。"

"等会儿见。"

于是,她们去买各自要买的东西去了。

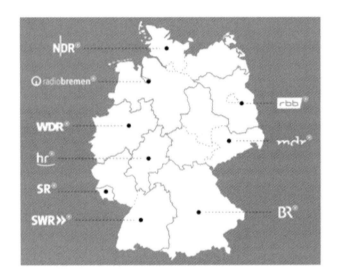

ARD(德国广播电视联合会)分布图

(来源:https://www.ard.de/die-ard/Einrichtungen-und-Beteilungen-der-ARD-100/)

---

① SFB(**S**ender **F**reies **B**erlin)是自由柏林广播电台的缩写。
② ORB(**O**stdeutscher **R**undfunk **B**randenburg)是东德意志广播电台勃兰登堡的缩写。

43　第一届慕尼黑啤酒节与啤酒有关吗?

"第187届慕尼黑啤酒节将于2022年9月17日至10月3日在特蕾西丝草地(Theresienwiese)举行。"慕尼黑市市长Dieter Reiter于2022年4月29在新市政厅举行的新闻发布会上宣布了这个决定。

今天中午,张东东和他的同事在食堂里吃中饭,大家讨论的主要话题是慕尼黑啤酒。其中一个同事说:"你们听说了没有,今年的慕尼黑啤酒节将如期举行。"

"是呀,我也听广播说'慕尼黑啤酒节举办日期是9月底至10月初'。"另一个同事随声附和道。

"由于新冠疫情的影响,2020年和2021年的慕尼黑啤酒节都被取消了。现在疫情还没有过,怎么会举办这么大的庆祝活动呢?"

"你不信,去查一查新闻,特别是巴伐利亚州的。"大家都在为慕尼黑啤酒节是否可以举行争论不休。可张东东对这个问题却一言不发。

回到办公室,Peter问张东东:"东东,在今天的饭桌上,你没有对慕尼黑啤酒节的举行发表意见,为什么?"

"我对这个问题不感兴趣。"

"哦,那你对什么感兴趣呢?"

"我感兴趣的是,这个节日是怎么来的,例如,第一届慕尼黑啤酒节与啤酒有关吗?"

"第一届慕尼黑啤酒节与啤酒没有一毛钱的关系。"

"那与什么有关?"

"慕尼黑啤酒节的起源要追溯到200多年前,那是1810年10月中旬,第一届慕尼黑啤酒节在现在的特蕾西丝草地举行。举办这个节日的原因是,当时Ludwig I. von Bayern(1786—1868)和Therese von Sachsen - Hildburghausen公主即将举办婚礼,商人和银行家Andreas von Dall'Armi(1765—1842)萌生了组织一场大型赛马比赛来庆祝这场婚礼的想法,他将这一提案提交给巴伐利亚国王Max I. Joseph(1756—1825),得到了巴伐利亚国王的肯定。于是,在当时

中国人在德国学德语的故事

的'Wiese'(草地)上举办了一场盛大的活动。在婚礼结束之后,为纪念新娘特蕾莎 Therese,这片草地才更名为今天的'Theresienwiese'。"

"原来现在举世闻名的慕尼黑啤酒节与啤酒没有任何联系啊!"

"当时,人们对这个活动的热情和兴趣如此之大,这促使举办者产生了这个活动应该每年举办一次的念头,于是有了慕尼黑啤酒节。"

"那后来呢?"

"1813 年,由于拿破仑战争,不得不取消该节日。"

"这是慕尼黑啤酒节第一次被取消吧。"

"是的,一直到 1818 年,这个节日均是由私人资助和组织的。从 1819 年起,慕尼黑的城主们才开始承担举办慕尼黑啤酒节的任务。"

"这样可以保证资金的来源。"

"没错,从那时开始,这个节日的规模和受欢迎程度每年都在增长。由于城市的组织,每年都有越来越多的游客和各种节目的表演者来到慕尼黑参加这个节日。1850 年,慕尼黑啤酒节的守护者——Bavaria(巴伐利亚女神)落成,在特蕾西丝草地上举办了揭幕仪式。"

"若我去了慕尼黑的话,一定要看看这个守护者 Bavaria。"

"但好景不长,1854 年出现霍乱,1866 年普奥战争,1870 年普法战争,慕尼黑啤酒节经常不得不落空。"

"什么时候慕尼黑啤酒节提前到了九月?"

"从 1872 年开始,慕尼黑啤酒节通常在 9 月 15 日之后的星期六开始到 10 月的第一个星期一结束。"

"何时开始与啤酒有关呢?"

"1880 年,啤酒在慕尼黑啤酒节开始销售。"

"这么说,从那时起,这个节日与啤酒挂上了钩。"

"那什么时候有了电呢?"

"1886 年,慕尼黑啤酒节终于有了电,到了 19 世纪末,节日变得越来越现代化,甚至出现了第一台电动旋转木马。"

"什么时候出现大帐篷?"

"1910 年,当时最大的帐篷是拥有 12000 个座位的 Bräurosl 帐篷,这个帐篷在慕尼黑啤酒节的 100 周年首次使用。"

"什么时候喊出了'O'zapft is'?"

"1950 年,第一次有人喊出 O'zapft is! 当时的慕尼黑市市长 Thomas Wimmer 在 Schottenhamel 礼堂举行了一个啤酒桶敲击仪式,在众多木桶中敲击第一桶时,喊出'O'zapft is!'。从那时起,每年这个节日都将这个口号作为传统仪式,于是这个口号成了世界各地啤酒节的口号。"

"'O'zapft is!'是什么意思?"

"它是慕尼黑市市长每年用木槌敲开酒桶宣布啤酒节开幕的传统口令,意思是酒桶被敲开了。"

慕尼黑(München)啤酒节一角(陶翠屏 摄)

位于慕尼黑特蕾莎广场的 Bavaria(巴伐利亚女神)雕像(陶翠屏 摄)

"我还听说敲打次数越少越好。"

"当然呀!当年第一次有人喊出 O'zapft is! 时,慕尼黑市市长 Thomas

中国人在德国学德语的故事

Wimmer 敲打了 17 次,酒桶才流出啤酒来,他创下了历史最多敲打次数的纪录。"

"慕尼黑啤酒节发展到今天已有 200 多年了,它已成为许多国家欢庆的节日,影响力很大。在 200 多年前,没有人想到会是今天这样。"

"今年,我想去慕尼黑啤酒节,你想去吗?"

"现在说还为时过早,到时再说吧。"

随后两人各自忙各自的工作了。

44　德国国庆日为何定在10月3日？

今天是周四,张东东与Peter一起去吃饭,张东东说:"我分析的结果大约下周一可以交给教授。"

Peter用奇怪的语气问张东东:"下周一?"

"是呀,下周一。"

"东东,你不知道下周一放假吗?"

"放什么假?"

"下周一是10月3日。"

"10月3日是什么日子?"

"仔细想一想。"

"Peter,你快说嘛。"

"10月3日是德国的国庆日。"

"为什么德国国庆日定在10月3日呢?"

"这次因为在原东德与西德签订的条约中,将1990年10月3日作为原东德正式加入德意志联邦共和国的日期。这个日期标志着东德西德的正式统一。"

张东东看着桌上的日历,说:"难怪在日历上写着德国统一日。"

"没错,从那时起,这一天被定为德国的国庆日。"

"Peter,我可以提个问题吗?"

"当然可以,你说。"

"如果这一天落在周末,可以再补假吗?"

"绝对不会补的,因为德国的节假日①比较多,在欧盟名列前茅,如果再补假,就没上几天班了。"

张东东高兴起来了,"那好得很,我休假3天,可以与家人一起玩3天。"

"你打算到哪里去?"

"我还不知道,你打算干什么?"

---

① 2022年德国各联邦州规定的节假日详见附录15。

▎中国人在德国学德语的故事

"我打算去维尔茨堡(Würzburg),拜访我姐姐。如果你们愿意的话,我们一起去,反正一辆车可以坐5个人。"

"那好啊,不过,今天晚上回家,我要与玲玲商量一下。"

"好的,明天,我等你的消息。"

张东东下了班,一回到家,忙着问丁玲玲:"玲玲,下周一是德国国庆,放假一天,也就是说我们有3天假。"

"那我们可以出去玩一玩。"

"周一,Peter开车去维尔茨堡,还邀请我们一起去,你看如何?"

"好呀,我们还没有去过维尔茨堡。"

第二天,张东东很早就去上班了,赶他的工作任务,他想在这个周五完成它,好安安心心地出去玩。过了一会儿,Peter也来了,没等Peter开口问,张东东马上说:"Peter,我们乐意与你一起去,谢谢你的邀请。"

"东东,不客气,反正有车嘛。"

他们约定好了,在德国统一日,一起去维尔茨堡。

45　人名还有阴阳之分？

今天是10月3日,德国的国庆节,全德国放假。Peter开车去他姑妈家接张东东一家三口,因为事先约好的,他们今天要去维尔茨堡,拜访Peter的姐姐。

维尔茨堡是德国巴伐利亚州北部的一座城市,它以巴洛克式和洛可可式建筑而闻名,尤其是18世纪的维尔茨堡官邸(Würzburger Residenz)。维尔茨堡官邸拥有豪华的房间,威尼斯艺术家Giovanni Battista Tiepolo(1696—1770)的大型壁画和装饰华丽的楼梯。

维尔茨堡还有众多的葡萄酒吧、酒窖和酿酒厂,还是Franken葡萄酒产区的中心。

从达姆施塔特到维尔茨堡约有140千米,开车需要2~3个小时。Peter和张东东一行没有堵车,一切顺利地到达了维尔茨堡,来到了Peter的姐姐住处。Peter的车一停,他们刚下车,迎面走来一位金发姑娘,她挥着手,并大声喊着:"Peter!"Peter跑了过去,他们相互拥抱之后,Peter对他姐姐说:"Petra,我来给你介绍一下。"Peter手指着张东东说:"这是东东,我的同事,来自中国。"

张东东说:"你好!"

"这是东东的夫人,玲玲。"

"你好!"

平平上前伸出手来,说:"你好!阿姨,我叫平平。"

Petra睁大眼睛,伸出手对张东东的女儿说:"你好!平平。"

Petra带着他们走入房间,这是一套一室一厅的房子。Petra在维尔茨堡大学学习生物,正在攻读博士学位。在他们闲聊之中,丁玲玲突然问Peter的姐姐:"刚刚Peter介绍你时,我没有听清楚你叫什么名字。"

"我叫Petra。"

"怎么听起来与Peter类似。"

"这是因为Peter与Petra是一对。"

"一对是什么意思?"

"德语的名字是有性别的,男性只能选择男性的名字,女性也只能选择女性

中国人在德国学德语的故事

的名字,例如:Peter 是男性名字,Petra 是女性名字,又如:Martin 为男性的,Martina 为女性的,所以,它们是成对的。"

"这跟中国不同,中国人仅从名字看,是不能百分之百地确定是男还是女的。"

"无论在德国,还是在欧洲,只要看到名字,就知道是男性还是女性。"

张东东和丁玲玲从与 Peter 和 Petra 的交谈中得知,Peter 和她的姐姐是双胞胎,按中国人的说法是龙凤胎,于是他们的父母给他们取了 Peter 和 Petra 这一对名字。丁玲玲开玩笑地说:"这对名字好呀!既好记,又好听,还好写,你们的父母真聪明。"

大伙都笑了起来。

Petra 说:"现在我们到市中心去,看一看那里的古建筑,然后在那里吃午饭。"

于是,他们准备进城。张东东一行刚出门,Petra 遇见她的一个熟人,他们之间打招呼,说"Grüß Gott!",他们没有走几步,Petra 又遇见一个熟人,她们又打招呼道"Grüß Gott!"。

丁玲玲忍不住了,问 Petra:"这里这么信仰上帝呀。"

Petra 笑着回答道:"这句话与上帝没有什么关系,这只是与人打招呼的话。"

"哦。"

"Grüß Gott 是一种问候语,是德国南部、奥地利和南蒂罗尔部分地区最常见的问候语的形式。"

在这次维尔茨堡之行,张东东一家三口了解到不少关于维尔茨堡的情况,学到了一些他们以前不知道的东西。

Würzburger Residenz(维尔茨堡官邸)的庭院花园(陶翠屏 摄)

46　森林螺旋与普通建筑物有什么不同之处？

张东东早就听 Peter 说过,在达姆施塔特有一组很特殊的建筑群,他总想去,但总是忙,没去成。明天他有空,想带家人去看看。晚上,他问丁玲玲:"你知道 Hundertwasser(百水)吗?"

"这个名字好像在哪里听说过,让我想一想。"丁玲玲在屋里走了几步,马上转身回答道:"他是一个艺术家、设计师,对吗?"

"不错,你还记得。"

"当然记得,我们曾经看过他设计的房子的照片,特别有特色。"

"你知道他最后设计的建筑物是什么、在何处吗?"

"这我还真不知道。"

"让我告诉你吧,就在达姆施塔特。"

"真的吗？你去过了没有？怎么样？"

"我还没去过,我工作忙,没顾上,而且我也想等你和女儿来了以后,与你们一起去看。"

"这个周末我们就去。"

"好哇!"

第二天,是周日。上午,张东东一家三口骑着自行车前往 Hundertwasser 设计的最后的建筑物。张东东一家三口刚停放好自行车,就听到有人喊:"东东,东东!"张东东一家人都感到奇怪,在这里怎么还会有他们认识的人。他们都转过身来一看,原来是张东东的同事 Klaus。张东东惊奇地问道:"Klaus,你怎么会在这儿?"

"我在这里等人,你们……"

"哦,我给你介绍一下,这是我夫人和女儿。"

丁玲玲上前打招呼,"Klaus,你好！认识你很高兴。"

平平也说:"叔叔好!"

Klaus 回道:"你们好！认识你们,我也很高兴。"

"东东,你们一家到这儿来干什么?" Klaus 接着问。

中国人在德国学德语的故事

"我早就听 Peter 说过,这里有 Hundertwasser 设计的建筑物,所以来看看。"

"在达姆施塔特,若不来看它,那真是很可惜。"

"Klaus,你知道这建筑物叫什么?"

"它叫森林螺旋(Waldspirale)。"

"什么时候建成的?"

"1998 年,达姆施塔特建筑联合会(Bauverein Darmstadt)委托 Hundertwasser 设计了这座共有 105 住宅单元的建筑。"

"这个建筑物为何称为森林螺旋?"

"由于建筑地在一个山坡上,Hundertwasser 设计的建筑物在茂盛的森林中,呈螺旋形状,顺势上升,因此而得名。"

森林螺旋(Waldspirale)的公寓中的外景(陶翠屏 摄)

"森林螺旋与普通建筑有什么不同之处?"

"你们看,顶部是金色的洋葱圆顶,它是 Hundertwasser 的建筑风格,这是其一。"

"其二呢?"

"你们会发现,在这座建筑中,很难找到直线和呈直角的地方。"

"那会是什么样呢?"

"它们大多数是圆形和曲线。例如,在这座拥有 105 间公寓的建筑中,有 1000 多扇窗户,但它们没有相同的,每一扇都独一无二。"

"还有其三吗?"

"他们使用的建筑材料也很特别。"

"怎么讲?"

"这座建筑上的镶嵌细工也是'自然地'创造出来的。"

"如何'自然地'创造出来的呢?"

"他们先将陶瓷板砸在地板上,产生的碎片,然后把它们又拼凑在一起。"

"这做工很讲究啊。"张东东看着这座建筑,寻思了一会儿,又说道:"建筑的颜色五彩缤纷,也很鲜艳。"

"这也是 Hundertwasser 设计的特点。"

"森林螺旋什么时候建成的?"

"它建于 1998 年,2000 年完工。可惜的是 Hundertwasser 没能欣赏到他的这个艺术作品。他于 2000 年春天去世,距离该项目完成还有几个月。"

突然,他们听到"Klaus,Klaus!"的喊声。Klaus 回头一看,忙说:"对不起,我等的人来了,再见。"

张东东说:"谢谢你给我们介绍这么多有关森林螺旋的信息!"

"不用谢!明天见!"

"明天见!"

Klaus 走后,张东东一家在森林螺旋转了好几圈,总觉得有看不够的地方。著名的 Hundertwasser 的革命性的、色彩缤纷的、形状不规则的建筑展现在他们眼前,它是多么辉煌。这座建筑给人的印象是,一群快乐的孩子绘制的童话城堡变成了现实。

张东东一家三口在回家的路上,森林螺旋的不寻常的画面不时在眼前晃过。他们一致认为它是一个真正的艺术作品,Hundertwasser 是一位伟大的艺术家和设计师。

47 „"是什么符号?

德国国庆节才过了三周,今天平平放学回来,高高兴兴地走进家门,大声喊着:"妈妈,我们还有几天就要放假了。"

丁玲玲惊讶地问道:"不久前才放了假,现在怎么又放假?"

"老师说,放秋假。"

"放多长时间?"

"一周。"

"啊!"丁玲玲在想,平平上学没有多长时间,怎么现在又放假了。晚上丁玲玲告诉了张东东:"从后天开始,平平放假一周,说是放秋假。"

"好哇! 我也争取休假几天,这样我们可以一起出去玩几天。"

"你想好了到什么地方去?"

"我们还没有去过海边,明天我去问问 Peter,在德国有什么地方适合我们去。"

"去海边,我赞成。"

平平也凑上来,说:"我也赞成。"

第二天,张东东特意在8点钟上班,急忙去找他的"活字典"——Peter。可 Peter 还没有来,于是张东东翻了翻资料,无意中翻到了一篇德语文章。他拿着这篇德语文章,看了一会儿,中间有不少与英语类似的单词,看着看着,他自言自语地喊了起来:"这是什么符号?"

"东东,你在喊什么呀,把我吓了一跳。"这时,Peter 走进了办公室。张东东忙着说:"Peter,你过来看一看,先下面两点,然后上面两点,这是什么符号?"

Peter 走过来一看,就笑着说:"这是标点符号。"

"什么标点符号?"

"它叫引号,德国人也称之为 Gänsefüßchen(鹅小脚)。"

"德语引号的写法真特别,我还没有见过了。"

"有人形容德语引号'„"'是 99 在下,66 在上。"

"那英语引号呢?"

"英语引号'""'是 66 在上,99 在上。"

"这形容得很形象呀!"

张东东边画边说:"德语引号是 99 在下,66 在上;英语引号是 66 在上,99 在上。英语引号与汉语相同。这很好记,从今以后,我不会忘记德语的引号了。"他紧接着问:"德国还有哪些标点符号?"

Peter 从一本书中找出一张表(见表 47-1),"你看看这张表就知道了。"

表 47-1　德语的标点符号①

符　号	德　语	中　文
.	Punkt	句号
!	Ausrufezeichen	感叹号
?	Fragezeichen	问号
,	Komma	逗号
;	Semikolon (Strichpunkt)	分号
:	Doppelpunkt	冒号
„"	Anführungszeichen	引号
'	Apostroph	省字号
-	Bindestrich	连字号
—	Gedankenstrich	破折号
( )	(runde) Klammer	(圆)括号
/	Schrägstrich	斜线符号
…	Auslassungspunkte	省略号

说完,他们两人各自做自己的工作了。张东东突然想起来今天是带着问题要问 Peter 的,于是便开口问道:"Peter,你说在德国去海边,哪个地方最好呀?"

"这要看你喜欢什么样的。"

"我们从来没见过大海,想去看看。"

"你怎么现在想到要去海边?"

"我女儿要放假了,叫什么秋假。"

"是的,下一周黑森州放秋假。"

---

① 德语标点符号及在德语键盘上常用的其他主要符号详见附录 16。

■ 中国人在德国学德语的故事

"你给我们推荐一个地方,怎么样?"

Peter 想了一会儿,说:"我推荐你去圣彼得-奥尔丁(St. Peter-Ording)。那里有很长的沙滩,空气也好,是休息和疗养的好地方。"

"去那交通方便吗?"

"方便,每小时有一趟火车,先从法兰克福到汉堡,然后从汉堡到胡苏姆(Husum),最后从胡苏姆到圣彼得-奥尔丁。"

"火车需要多长时间?"

"大约 8 至 9 个小时,圣彼得-奥尔丁位于北海,都快到丹麦的边界了,离达姆施塔特很远呀。"

"中国的中小学除了法定的节假日以外,只有寒暑假,德国的中小学看起来放假要多,是吗?"

"德国的中小学放假①由各联邦州自己定,有的州多,有的州少。"

"哦。"

"一般都有复活节、暑假、秋假和圣诞节假期。"

"怎么没有寒假?"

"大多数州有,只有少数没有,例如黑森州就没有寒假。"

"为什么?"

"我想,可能是黑森州以基督教为主的缘故吧。"

"黑森州中小学还有什么假没有?"

"还有圣灵降临节假期,黑森州也没有。"

"巴伐利亚州以天主教为主,它那里假期最多吗?"

"是的,巴伐利亚州不仅假期最多,而且规定的节假日也最多。"

"原来如此。"

张东东对 Peter 说:"对了,我现在到秘书那里请个假。"

"快去吧,马上就要到吃午饭的时候了。"

张东东转身往秘书办公室走去。

---

① 德国联邦州 2022 年中小学校假期一览表详见附录 17。

48 德语感叹词能把人物的情感表达得淋漓尽致吗？

今天，平平的学校放假了。她一回来，就喊着："Hurra, die Schule ist aus!"丁玲玲还没有完全明白平平的意思，但她从女儿的表情上看出，女儿一定遇到高兴的事了，便问女儿："平平，什么事让你这么高兴呀？"

"妈妈，今天学校放假了。"

"哦，放假了。"

这时，Schneider 太太高兴地走了过来，说："玲玲，平平的德语大有长进，她现在都会用感叹词了。"

"感叹词？"

"你没有听到吗，平平刚才说'Hurra, die Schule ist aus!'，感叹词用得恰如其分。"

"她刚才说得太快，我没有听懂，她说的是什么意思？"

"她在欢呼，学校放假了！"

"Hurra 是感叹词？"

"对啊。"

"德语感叹词有哪几类？"

"我想大概有八类。"

"哪八类？"

Schneider 太太掰着指头数起来，"情感词、提示词、对话词、答案语气词、问候词、引诱和恐吓的声音，还有其他类型单词的派生词。"

"还真不少呀！"

"我们用感叹词来表达一种感觉、一种意志或一种态度，例如喜悦、反思和惊奇等。它们形成自己独立的陈述，并在句子中独立存在。"

"Schneider 太太，能给我举个例子吗？"

"当然可以，没有例子有时不容易理解。我就从情感词开始吧。"

"好的。"

"情感词（Empfindungswörter）表明说话者当时的感受，有 ach（啊）、au（哎

中国人在德国学德语的故事

哟)、igitt(好恶心)、hurra(好啊)、oh(哦)、bäh(呸)等。例如：

Bäh，da vergeht mir der Appetit!（呸,我没胃口了!）

Hurra，die Schule ist aus.（好啊,放学了。）

Oh，wie schön!（哦,多么美丽!）"

"在什么时候用提示词呢？"

"当说话者表明他希望某人应该做某事的愿望时，可用提示词(Aufforderungswörter)，有 hallo(喂)、pst(嘘)、dalli(快)、tschüss(再见)等。例如：

Tschüss，bis morgen.（再见,明天见。）

Jetzt ab ins Bett，aber **dalli**，**dalli**!（现在上床睡觉,快,快!）"

"第三类的对话词呢？"

"对话词(Gesprächswörter)在谈话中常常是下意识地使用,它会延迟说话,例如,当说话者思考片刻时,或者很明显刚刚又想出了一些东西,或者没有理解一些东西时,便会用对话词。常用的对话词有 hm(嗯)、aha(啊哈)、genau(完全正确)、bitte(请)、was?（什么?）okay(好吧)、gut(好的)等。例如：

Hm，das will überlegt sein!（嗯,这需要考虑!）

Bitte，wiederhole es noch einmal.（请再重复一次。）

Gut，so kannst du weitermachen.（很好,你可以继续这样。）"

"答案语气词有哪些？"

"有 ja(是的)、nein(不是的)、doch(是的)等,它们都是答案语气词(Antwortpartikeln)中的一部分。当我们想给出答案时,我们就使用答案语气词。例如：

Ja，das stimmt.（是的,这是真的。）

Doch，das sollte so gemacht werden.（是的,应该这样做。）"

"那么问候词呢？"

"问候词(Grußwörter)顾名思义,在向某人打招呼或告别时使用。常用的问候词有 hallo(你好)、huhu(喂)、tschüss(再见)等。例如：

Hallo，lange nichts gesehen.（你好,好久不见。）

Huhu，siehst du mich? Hier bin ich!（嘿,你看到我了吗? 我在这里!）"

"第六类的引诱和恐吓的声音呢？"

"引诱和恐吓的声音(Lock-und Scheuchlaute)与提示音一样,也具有挑战性。这里的请求主要针对动物,常用的词有 putt putt(噗特噗特)、miez-miez(猫叫声)等。例如：

Putt putt，komm her.（噗特噗特,过来呀。）"

"最后一类呢?"

"最后一类是其他类型单词的派生词(Abgeleitete Wörter aus anderen Wortarten)。"

"它有什么特点?"

"这类感叹词来源于或引用其他词。你可能知道其中一些词,它们现在失去了原有的含义,变成了感叹词。常见的感叹词有 donnerwetter(好家伙)、mist(糟糕)、man(伙计)、verdammt(该死)等。例如:

Donnerwetter,hat der Typ Muskeln!(天哪,那家伙有肌肉!)

Verdammt,ich habe deinen Geburtstag vergessen.(该死,我忘了你的生日。)"

"德语的感叹词有这么多类型啊!"

"另外,感叹词属于不可变的词类。大多数时候,你更有可能在口语中找到它们。"

"我明白了。"

"感叹词用得好,可以准确形象地表达出说话人的情绪,例如,刚才平平说的那句话,多么形象地表达出她喜悦的感情啊。"

丁玲玲没有想到,自己女儿的德语有这么大的进步,都受到了 Schneider 太太的夸奖了。丁玲玲感觉就像自己被夸奖一样,非常高兴。

49 "Moin，Moin！"是何意？

张东东一家三口终于等到了去圣彼得-奥尔丁看大海的这一天。上午大约9点多,他们乘火车从达姆施塔特出发,经过法兰克福,到汉堡,然后从汉堡转车到胡苏姆,最后从胡苏姆到达圣彼得-奥尔丁,他们换了三次车,大约在下午5点30分到达了圣彼得-奥尔丁。张东东一家在路上花了8个多小时,然后乘出租车,来到了他们租的度假民宿。当他们走进房间打开窗户时,感觉到一阵阵海风吹来。不一会儿,平平就问道:"妈妈,我嘴巴里怎么有咸味?"

丁玲玲回答道:"我也感觉到有咸味。"

张东东马上说:"这是因为我们来到了大海边,海风吹来了有咸味的空气。"

顿时,平平叫喊着:"爸爸妈妈,我们现在就去看大海吧。"

她的父母点了点头,大家放下手中的活,丁玲玲喊着:"好呀,我们走。"

于是,他们锁上门,往大海边跑去。他们越往海边走,口中的咸味越重。走了只有几分钟,翻过了一座坝,大海出现到他们的眼前。张东东一家三口第一次看到大海,他们加快了脚步,越跑越快,同时喊道:"大海,我们来了!"

那里是一望无边的大海,有宽阔的海滩,还有阻挡海水的沙丘。当你看到这一切时,你就会爱上这里。难怪 Peter 说,这是德国人最喜欢的海滩之一。圣彼得-奥尔丁本身只有近4000名居民,可每年到这里度假的人数以百万计。据统计,2021年在这里过夜的人数超过了250万人,略低于2019年的峰值。

圣彼得-奥尔丁海滩是北海度假村的商标,它大约长12千米,退潮时,海滩宽两千米。海滩上竖立着吊脚楼,这也是圣彼得-奥尔丁的特色。早在1911年,第一座具有特色的吊脚楼就已经建成。如今,这里共有15座吊脚楼,这些吊脚楼高出沙子或水面8米。海滩上有餐厅、卫生设施,以及海滩救生员。另一个地标是韦斯特赫弗灯塔(Westerhever Leuchtturm),它是德国上镜次数最多的灯塔。

第二天早上,丁玲玲起床,去面包房买早点,迎面来的陌生人对她说:"Moin，Moin！"

丁玲玲用在达姆施塔特学来的问候语回答道:"Guten Morgen！"

进了面包房,售货员向丁玲玲打招呼,"Moin,Moin!"

圣彼得-奥尔丁(St. Peter-Ording)其中一座吊脚楼(陶翠屏 摄)

韦斯特赫弗灯塔(Westerhever Leuchtturm)(陶翠屏 摄)

在回来的路上,听到别人相互打招呼,也说:"Moin,Moin!"丁玲玲回到家,对张东东说:"真的是很奇怪呀!"

"什么奇怪?"

"你知道'Moin'是什么意思吗?"

"不知道。"

"刚才,我去面包房买面包,我说'Guten Morgen!',别人都说'Moin,Moin!',你说奇怪不奇怪。"

中国人在德国学德语的故事

"这还真有点奇怪,我们要问一问当地人。"

吃完早饭,他们到海边沙滩玩。刚出门不远,就遇到了他们租住民宿的房东Fischer太太,张东东说:"早上好!"

他们的房东也说:"早上好!"

丁玲玲想知道"Moin"是什么意思,便开口问道:"Fischer太太,我早上去面包房买面包,听别人说'Moin,Moin!','Moin'什么意思?"

房东笑着说:"'Moin'是'你好'的意思,在德国的北方,特别是在汉堡附近的地方,人们用'Moin,Moin!'打招呼。"

"在什么时候可以用?"

"这种温暖、简短的问候,在白天和晚上的任何时间都可使用。"

"我们来到德国有好几个月了,住在达姆施塔特,可从来没有听说过这种问候语。"

"这不奇怪,你们是外国人,就是来自南方的德国人有时也会引起困惑和不解。"

从此以后,张东东一家都知道,德国的北方用"Moin"作为问候语,在来自北方的德国人眼里,这是世界上最美的问候语了。

在圣彼得-奥尔丁(St. Peter-Ording)举行的风筝节(陶翠屏 摄)

50　德国现在还有几座城市拥有"汉萨同盟城市"的称号？

自从张东东一家三口了解了"Moin,Moin!"来自德国汉堡附近地区以后,张东东和丁玲玲对汉堡这个地方产生了兴趣。这天,他们又在圣彼得-奥尔丁中心遇到了Fischer太太,就顺便打听怎样去汉堡方便。

张东东问:"Fischer太太,从这里去汉堡乘火车方便吗？"

"方便,每小时有一班火车从圣彼得-奥尔丁开往汉堡。你们想去汉堡玩吗？"

"有这个打算,汉堡是一个著名的港口城市。"

"它不仅是著名的港口城市,还是汉萨同盟城市之一。"

汉堡港口集装箱码头福地(Containerterminal Tollerort)(陶翠屏　摄)

"什么是汉萨同盟城市？"

"你没有听说过？"

"没有。"

"要想知道汉萨同盟城市,就要先知道什么是汉萨同盟。"

"什么是汉萨同盟？"

中国人在德国学德语的故事

"这要追溯到中世纪,从13世纪到15世纪中叶,当时,商人在漫长的贸易旅行中,经常受到强盗和海盗的袭击,他们不得不考虑到自身的安全。于是,自发地组织建立了汉萨同盟城市,出现了'Hansestadt'一词。"

"它包括了哪些地区?"

"汉萨同盟在德国历史上是独一无二的现象。从商人的合作和合并到海外贸易,形成了城镇联盟,其在鼎盛时期包括了近200个湖泊和内陆城镇。"

"具体是哪些城市和地方?"

"从西部的荷兰到东部的波罗的海的爱沙尼亚,从北部的瑞典到南部的Köln(科隆)—Erfurt(埃尔福特)—Breslau(布雷斯劳)—Krakau(克拉科夫)线。在这些地区,汉萨同盟的长途商人开辟了一个经济势力范围,在16世纪从葡萄牙延伸到俄罗斯,从斯堪的纳维亚国家延伸到意大利,这些地区在今天看来,分别属于大约20个欧洲国家。"

"汉萨同盟有哪些特点?"

"从13世纪到15世纪中叶,汉萨同盟在很大程度上主导了欧洲东北部和西北部之间的货物交换,涵盖了德国殖民开辟的东方和东欧的西方的原材料和粮食需求。这些货物包括许多种类,例如毛皮、蜡、谷物、鱼以及亚麻、大麻、木材和木质建筑产品,还有沥青、焦油和钾碱。作为回报,汉萨商人将西方和南方的商业制成品带到这些国家,例如布料、金属制品,尤其是武器和香料。"

"汉萨同盟有这么多城市,它们聚会过吗?"

"1358年,在吕贝克(Lübeck)举行了汉萨同盟第一次聚会会议。"

"然后呢?"

"随着时间和社会变迁,汉萨同盟城市逐渐减少。1669年在吕贝克(Lübeck)举行的最后一次汉萨同盟城市会议上,只有9个城市出席了,分别是吕贝克,汉堡、不来梅、不伦瑞克(Braunschweig)、但泽(Danzig)、希尔德斯海姆(Hildesheim)、科隆(Köln)、奥斯纳布吕克(Osnabrück)和罗斯托克(Rostock)。"

"这表明汉萨同盟城市解体了?"

"是的,汉萨同盟城市就此解体了。不过,德国还有3座城市保留'汉萨同盟城市'的绰号。"

"哪3座城市?"

"它们是汉堡、不来梅和吕贝克。在这3座城市的汽车车牌上分别写着:HH(Hansestadt Hamburg,汉萨同盟城市汉堡)、HB(Hansestadt Bremen,汉萨同盟城市不来梅)、HL(Hansestadt Lübeck,汉萨同盟城市吕贝克)。"

"真有意思。"丁玲玲发出了她的感慨。

50 德国现在还有几座城市拥有"汉萨同盟城市"的称号?

"即使今天,汉堡和不来梅也在一定程度上保持了'汉萨同盟城市'的独立性。除首都柏林外,汉堡和不来梅既代表德国城市,同时又表示德国的联邦州名。"

这时,张东东大声说道:"那我们一定要去看一看汉萨同盟城市汉堡。"大家都将目光转向张东东,他那兴奋的心情都写在脸上。

作者与青铜雕塑"不来梅城的乐师"①合影(过路人摄)

---

① 青铜雕塑"不来梅城的乐师"(„Die Bremer Stadtmusikanten")是不来梅的"秘密"象征。

51　意大利还有德语作为官方语言的地方吗？

张东东一家三口从圣彼得-奥尔丁回到达姆施塔特。度假回来后，家里没有吃的和喝的东西，丁玲玲马上去超市买东西。从超市回来的路上，迎面碰见Sabine的妈妈，丁玲玲打招呼："Kerstin，你好！"

Kerstin看见丁玲玲提着大包小包的，就说："你好！玲玲，买东西回来了。"

"是的，你也去买东西？"

"我们刚度假回来，家里没有吃的东西了。"

"哎，跟我一样，你看，我提着大包小包的"，丁玲玲说，"我们去圣彼得-奥尔丁了，你们到哪里度假去了？"

"我们到南蒂罗尔（Südtirol）。"

"南蒂罗尔在什么地方？我还没有听说过。"

"它位于意大利的北部，坐落在阿尔卑斯山脉，与奥地利、瑞士交界。我先生来自南蒂罗尔，这次放暑假，正好回他老家看一看。"

"你先生不是德国人？"

"不是，他是意大利人。"

"他德语说得这么好，我还以为他是德国人了。"

"他的母语就是德语。"

"在意大利还有德语作为官方语言的地方吗？"

"有呀，就是我先生的家乡南蒂罗尔。"

"为什么会出现这种情况呢？"

"这要追溯到巴伐利亚和阿尔卑斯罗马人的定居点，以及这些定居点与德国语言和文化地区历史悠久的联系。南蒂罗尔与其北部邻国奥地利有着共同的历史，因为以前这个地方属于奥匈帝国。1918年第一次世界大战后，南蒂罗尔被划分到战胜国意大利。"

"这个地方原来是属于奥匈帝国的，所以大多数人说德语。"

"从此以后,一场争取自治权的斗争便在南蒂罗尔开始了。"

"大多数人说德语,他们当然想保留自己的语言喽。"

"从1922年开始,南蒂罗尔开始对居民进行去德语化,实施意大利化教育。德语教学被禁止,地名被大部分虚构的意大利名字所取代。讲德语的官员被解雇,被移民到这里来的意大利人取而代之。"

"这会闹出大矛盾的。"

"1939年,希特勒和墨索里尼达成了重要协议,南蒂罗尔中的德语的人面临着一个残酷的选择。"

"什么样的选择?"

"他们要么移民到'德意志帝国',要么留下来,接受去德语化教育和身份的改变。"

"结果呢?"

"开始,大多数人决定移民,但由于第二次世界大战爆发,阻止了这场大规模的居民外流。"

"离开自己的家乡,到异国他乡去,人的内心肯定会留下伤痕的。"

"社会分裂,家庭分裂,留下来的人被视为叛徒。"

"真够残酷的。"

"在二战期间,南蒂罗尔被德军占领,发展成为阿尔卑斯山脚下的作战区。德国的入侵让南蒂罗尔中说德语的人去德语化的情况有所改变。"

"后来呢?"

"1945年,南蒂罗尔被盟军占领。同年,南蒂罗尔人民党(Südtiroler Volkspartei,SVP)成立,人们为该地区的自决权而战,并在随后的几年中,从罗马政府手中争取了自决权。"

"没想到南蒂罗尔还有这段曲折的历史呀。"

"我先生既会说德语,也会说意大利语,不过,他自称德语是他的母语。"

"看来,你先生有德国人的性格。"

"你说得没错。现在,我得去超市买东西了,他们还在家里等我买的水果和蔬菜呢。"

"再见!"

"回头见!"

中国人在德国学德语的故事

远望三峰山(Drei Zinnen)①(陶翠屏 摄)

去三峰山的路上(陶翠屏 摄)

---

① Drei Zinnen 的中文为三峰山,它是意大利南部贝卢诺(Belluno)省和北部南蒂罗尔省交界处 Sextner Dolomiten 山脉的一个突出地块。

52 新天鹅堡为何这样吸引人?

新天鹅堡(Schloss Neuschwanstein)位于阿尔卑斯山脚下,是世界上参观人数和被拍摄次数最多的建筑物之一。有些人常常会冒出一个问题,新天鹅堡为何这样吸引人?现在这个问题也是张东东一家三口心里想要知道的。

这一天,张东东一家在客厅打开了地图,寻找新天鹅堡在何处。Schneider太太走了过来,好奇地随便问了一句:"平平,你爸爸妈妈在找什么呀?"

平平走过来,拉着 Schneider 太太的手,往她父母亲跟前走去,"奶奶,我爸爸和妈妈在地图上找一个地方。"

"东东,玲玲,你们想到哪里去玩呀?"

丁玲玲回答说:"Schneider 太太,我们想去新天鹅堡,但还没有完全决定,我们现在正在收集一些资料。"

张东东说:"听说它在阿尔卑斯山脚下。"

Schneider 太太说:"它在施万高(Schwangau)附近。"

不一会儿,张东东喊道:"找到了,附近还有菲森(Füssen)。"

丁玲玲问 Schneider 太太:"您去过新天鹅堡吗?"

"去过,还去过好几次呢。"

"谁是新天鹅堡的主人?"

"它的主人在德国很有名,他是巴伐利亚国王 Ludwig Ⅱ(1845—1886)。"

"这个城堡很有特色,像童话般的建筑。"

"是的,有人称新天鹅堡为童话城堡,巴伐利亚国王 Ludwig Ⅱ 也被称为童话国王。Ludwig Ⅱ 的父亲是 Maximilian Ⅱ(1811—1864)。自 1832 年以来,他以新哥特式风格装饰了附近的旧天鹅堡(Schloss Hohenschwangau)。"

"巴伐利亚国王 Ludwig Ⅱ 在什么地方出生的?"

"1845 年,Ludwig Ⅱ 出生于位于慕尼黑的宁芬堡宫(Schloss Nymphenburg),但他生活在旧天鹅堡。该城堡在中世纪一直是施万高领主的居住地,Ludwig Ⅱ 通过城堡中的壁画和书籍,了解到了其中的传说和历史。"

中国人在德国学德语的故事

"看来,旧天鹅堡对 Ludwig Ⅱ 有很大的影响。"

"后来,Ludwig Ⅱ 与 Richard Wagner 相遇,Richard Wagner 和他的音乐影响着 Ludwig Ⅱ 的一生。1864 年,Ludwig Ⅱ 成为国王,仅仅两年后,他就不再是君主了,他无法接受立宪君主的存在,于是,他想创造另一个世界。在这个世界中,他还可以作为当今巴伐利亚的在位国王,还可以像中世纪的国王或巴洛克专制君主那样生活。"

"新天鹅堡是什么时候建的?"

"Ludwig Ⅱ 早在 1867~1868 年就对新天鹅堡的建造做出了第一个计划和相关准备。1869 年 9 月 5 日这座城堡奠基,它是中世纪骑士城堡理想化的构想。"

新天鹅堡(Schloss Neuschwanstein)(陶翠屏 摄)

"新天鹅堡内的装饰是什么样的风格呢?"

"新天鹅堡的房间大部分配有日耳曼和北欧传说的风景壁画。从一开始,Ludwig Ⅱ 就想在他的'新城堡'中建立 Wartburg(瓦尔特堡)的'Sängersaal'(歌手大厅),并要比 Wartburg 那里还要大,还要宏伟,成为中世纪骑士文化的纪念碑。不过,它并不是为了在表演或节日时使用。"

"真奇怪呀。"

"直到 1881 年,宝座室才被添建。Ludwig Ⅱ 晚年想用它来实现中世纪诗人所描述的传说中的圣杯厅。房间平面图是整个 19 世纪最全面、最复杂的平面图,它们由 Ludwig Ⅱ 亲自设计。每个相邻的客厅都力图表现一个传奇。从 1880 年开始,新天鹅堡中的一个珍藏室被扩展为一个小型人工石窟,配备彩色电灯,拥有真正的瀑布。"

"后来呢？"

"后来尽管负债累累，Ludwig Ⅱ 也一直想继续建设这座城堡。当银行声称要抓他时，政府将他拘禁在 Schloss Berg（伯格城堡）。1886 年 6 月 13 日，他在施塔恩贝格湖（Starnberger See）去世。"

"Ludwig Ⅱ 建造新天鹅堡的目的是什么？"

"按照 Ludwig Ⅱ 的想法，他建造新天鹅堡是为了将这里作为他的私人隐居地。"

"他在这里生活过吗？"

"Ludwig Ⅱ 只在宫殿里住了几个月，在建筑群建成之前，他就去世了。"

"听了您的介绍，我们更想去参观新天鹅堡了。"

"这是值得一去的地方，同时，还可以了解德国的一些历史、文化和建筑风格。"

"谢谢您，Schneider 太太！"

没过几天，张东东的一家三口乘火车去了新天鹅堡，想真正体会 Ludwig Ⅱ 建筑新天鹅堡的用意，看一看它的迷人之处。

53　为什么德国几个联邦州被称为"Freistaat"?

在上次去维尔茨堡的路上,张东东看见了一个牌子,上面似乎写着:"... Bayern"。由于汽车开得快,他没有看清楚写在 Bayern 之前的字。

这个周末,再加上张东东的两天假期,他一家三口来到菲森旅游,在那里常常听到有人说"... Freistaat Bayern."张东东感到奇怪,难道 Bayern 不属于德国联邦州吗? 这是绝对不可能的事情。

张东东从菲森旅游回来后上班的第一天,便去找他的活字典——Peter,来寻找答案。当他见到 Peter 时,便问道:"这次去菲森旅游,我常听到别人说'Freistaat Bayern',而在黑森州,从来没听有人说过'Freistaat Hessen'。"

"东东,黑森州与巴伐利亚州在这一点上,还真是不一样。"

"为什么不一样?"

"'Freistaat'一词来源于魏玛共和国。随着 1918 年十一月革命,在德国,君主立法被议会民主制所代替。"

"哦。"

"在魏玛共和国时期,'Freistaat'实际上指的是共和国,当时巴伐利亚州就叫作 Freistaat Bayern,所以,巴伐利亚州保留了这个称呼。"

"当时黑森州叫什么?"

"在魏玛共和国时期,黑森州被称为 Volksstaat Hessen,但其面积要比现在的黑森州小得多,因此,黑森州没有'Freistaat'的称呼。当时的州府就设在达姆施塔特。"

"德国现在还有哪几个联邦州有这个称呼呢?"

"在德国,目前一共有 3 个州保留了'Freistaat'的称呼,它们是巴伐利亚州(自 1945 年以来)、萨克森州(自 1990 年以来)和图林根州(自 1993 年以来),巴登州在 1945 年至 1952 年也用过。魏玛共和国在 1918 年建立,到 1933 年为止。"

"1918 年正好是第一次世界大战结束的时候。"

"那一年出现了革命,废除了君主制,成立了议会,建立了魏玛共和国。1933

年希特勒上台,共和国从此结束。"

"没想到从现在联邦州的州名中,也可以找到魏玛共和国的蛛丝马迹。"

"历史总是会或多或少留下痕迹的。"

"谢谢你,Peter！你不仅是我最好的德语老师,而且是我的活字典。"

"东东,不用谢！我还算不上活字典,但你是我最得意的门生。"

Peter说完,两人一起大笑起来。

在巴伐利亚州(Bayern)与其他联邦州的边界或者与其他国家的国界竖立着写有"Freistaat Bayern"字样的牌子(陶翠屏　摄)

54 如何判断形容词是否名词化？

这个周末，Schneider 太太过生日，丁玲玲想送给她生日礼物，并让女儿平平画了一幅画，做了一张生日卡，她在卡片上用中文写下："祝 Schneider 太太生日快乐，一切顺利！"在中文"一切顺利"下面又写了德语"alles gute！"

Schneider 太太在生日这天收到了张东东一家送给她的生日礼物，特别是平平做的生日卡，她非常高兴。当她看见丁玲玲在卡片上写的"alles gute！"时，并没有作声。一周过后，丁玲玲开始上 Schneider 太太的德语课，还没有等到丁玲玲开口说话，Schneider 太太就问："玲玲，形容词在德语中有大小写之分，你知道吗？"

"我想，英语形容词通常小写，我还真不知道德语的形容词是什么时候需要大写？"

"'alles gute！'中的'gute'必须大写！"

"为什么？"

"在德语中，形容词当作名词使用时，必须大写。"

"我只知道名词在德语中必须大写，还有哪些词语必须大写呢？"

"在德语中，必须大写的词有：句首的词、专用词、名词、礼貌的称呼、名词化的词。"

"什么是名词化？"

"不属于名词类的词将它实体化，然后当作名词用，这就叫作名词化，例如形容词属就可以名词化。"

"若形容词名词化后，它就必须要大写。"

"说得对！"

"如何判断形容词是否名词化了呢？"

"如果形容词前面有冠词，而后面没有其他相关词的话，或者单独存在的形容词后有词尾变化，那么它就是名词化了，就必须大写。"

"我没有懂，能举个例子吗？"

"Die Schöne und der Schlaue lieben sich.（美丽和聪明的人彼此相爱。）

"这里的形容词 schön(美丽的)、schlau(聪明的)前面有冠词 die、der，形容词属于弱变化，它们的词尾加了-e。"

"为什么形容词 schön、schlau 前面用不同的冠词 die 和 der？"

"这里的形容词 schön 指的是女性，所以用冠词 die。形容词 schlau 指的是男性，则使用冠词 der。"

"哦。"

"又如：**A**lte**s** und **N**eue**s** passen gut zusammen。(新旧相得益彰。)

虽然这里的形容词 alt、neu 前面无冠词，但形容词属于强变化，所以形容词的词尾加了-es。在这两个例子中，形容词均作为名词使用，所以它们的第一个字母必须大写。"

"还有其他的情况吗？"

"在不定数词 viel(很多)、wenig(很少)、nichts(什么都没有)、alles(什么都有)、manches(有些)、einiges(一些)、allerlei(五花八门)等后面的形容词，它们也是名词化的形容词，也必须大写，例如：Das ist nichts **N**eue**s** für mich。(这对我来说并不是什么新鲜事。)"

"我明白了，'alles gute'应为'alles Gute'。"

"另外，德语中的动词也可以名词化。"

"它与形容词的名词化类似吗？"

"德语中的动词名词化要比形容词名词化容易，将动词换成了动词原形，并在它前面加上定冠词'das'。我举几个例子：

Das **L**esen ist anstrengend。(读书很累。)

Beim **E**ssen solltest du nicht reden。(你不应该在吃饭时说话。)"

"Beim 是什么词？"

"Beim 是 bei dem 的缩写。"

"明白了，现在，我就能认出动词的名词化了，这里动词 lesen(读)名词化为 Das Lesen，动词 essen(吃)名词化为 bei dem Essen。"

"不错，这说明你的德语又向前迈了一步。"

"这还是您这位老师教得好嘛。"

"依我看，是我们师生配合得好。"

两人相视一笑。

55　不定代词 man 有哪些特点？

今天,丁玲玲进城买东西,在回家的路上,遇到了 Schneider 太太,她也提着东西往家走,两人一路同行。两个女人在一起,总有聊不完的话题。

"早上好,Schneider 太太!"

"玲玲,早上好!"

"我刚才进城买了东西。您买了什么东西?"

"蔬菜、水果",Schneider 太太最后还用了一句德语,"Ich habe etwas eingekauft.(我买了一些东西。)"

" Schneider 太太,您这里的'etwas',我曾听说过,它是哪一类型的词呀?"

"它属于不定代词。"

"什么是不定代词呢?"

"不定代词是代替名词的代词,它代表不定数量的人或事物。人或事物要么是未知的,要么是不确定的。有多种不同的不定代词,其中有的变格,有的保持不变。它们既可以代表人或事物,也可以代表单数或复数。"

"不定代词有哪些种类?"

"它可分为三大类,第一类用于人,第二类用于事物,第三类既可以用于人也可以用于事物。"

"它们有哪些的特点?"

"不定代词与代词相比,有相似的地方,但它有不确定的特点,使用更广泛一些。今天我先讲一讲第一类,只用于人的不定代词。"

"好的。"

"不定代词 man、jemand 和 niemand 仅用于人。"

"这三个用于人的不定代词有什么特点?"

"这些代词只能以单数形式使用,它们没有复数形式。"

"那么它们变格呢?"

"不定代词 man、jemand 和 niemand 有变格①,它们的变格形式我给你列一张表(见表 55-1),你看看。"

表 55-1 不定代词 man、jemand 和 niemand 的变格

不定代词	第一格	第三格	第四格
man	man	einem	einen
jemand	jemand	jemand(em)	jemand(en)
niemand	niemand	niemand(em)	niemand(en)

丁玲玲看了一会儿,问道:"为什么 jemand 和 niemand 的第三格和第四格的后面加有(em)和(en)?"

"这是因为 jemand 和 niemand 的第三格和第四格如无必要说明时,也可以不加词尾,例如:Er fragt jemand.(他问一个人。)在这里没有加词尾的必要。"

"为什么没有第二格呢?"

"第二格曾经是存在的,现在已经不使用了,所以我省去了。"

"'man'是代表一个人吗?"

"这里的'man'可以代表一个或多个不定的人。'man'形式只存在于主格(第一格)中,其他各格用不定冠词'einer'相应的各格所代替。"

"这里的不定代词'man'等同于男人或者女人吗?"

"'man'译成中文为'人们、有人'。翻译时根据句子的具体情况,有时也可不译出来。不定代词'man'不等于男人或女人,这是要注意的地方,例如:

In Krankenhaus darf **man** nicht rauchen.(不允许在医院吸烟。)

Als Sänger muss **man** täglich üben.(作为一名歌手,你必须每天练习。)"

"'jemand'和'niemand'也以单数形式使用吗?"

"它们与'man'一样,只存在单数,但要记住,这里的某人是指不确定的人,并无性别之分。"

"这么说它们是单数,无性别之分。"

"是的。另外,'jemand'可以与'niemand'结合起来使用,可以增加句子的模糊性。"

"'niemand'是'jemand'的否定词吗?"

"到底是学语言的人,一点就明白了。代词'niemand'是'jemand'的否定形式。变格词尾(en)和(em)也常在口语中省略。"

---

① 德语不同代词的变格表详见附录 14。

中国人在德国学德语的故事

她们两人聊着,走着,不知不觉地走到了家门口。

Schneider 太太拿出大门钥匙对丁玲玲说:"我们到家了,今天就聊到这里,明天再继续说吧。"

"好的。"

她们便各自忙各自的家务事了。

56　有哪些不定代词只用于事物？

第二天早饭后,张东东上班去了,平平与她的好朋友 Sabina 一起上学去了。一眨眼的工夫,家里安静了不少。丁玲玲收拾完碗筷,脑海里又浮现出了昨天她与 Schneider 太太谈论的话题——不定代词。正巧,Schneider 太太走进厨房,对丁玲玲说:"早上好,玲玲!"

"早上好,Schneider 太太!"

Schneider 太太拿了东西,正想转身走时,丁玲玲忙问道:"Schneider 太太,您昨天给我讲解了只能用于人的三个不定代词,那么什么是只能用于事物的不定代词呢?"

"你还在想不定代词呢。"

丁玲玲点了点头。

"我喜欢你的钻劲。"

"这个问题一直在我脑子里打转。"

"仅用于事物的不定代词有 etwas、nichts、alles 和 welch-。"

"它们有什么特殊的地方吗?"

"代词一般都可以作名词用。不过,不定代词 etwas(某物)既可以代替冠词,也可以代替名词。"

"它们有性、数、格的变化吗?"

"除了 welch-外,它们都没有变化,使用时保持原形。"

"是不是也可以在前面加 irgend,例如,irgendetwas?"

"可以,它与用于人的不定代词一样,强化了模糊性。"

"能举几个例子吗?"

"好的,我们从不定代词 etwas(某物)开始,例如:**Etwas** ist besser als nichts.(有总比没有好。)"

"我明白了。"

"另外,在口语中,etwas 通常缩写为 was,而且 etwas 还有第二个含义。"

"什么含义?"

中国人在德国学德语的故事

"表示一点点的意思,例如:Hast Du noch **etwas** Zeit für mich?(你还有一点时间给我吗?)"

"etwas 有否定形式吗?"

"etwas 的否定形式是不定代词 nichts。"

"它与 etwas 一样是不变格吗?"

"是的,例如:

—Hörst du etwas? —Nein, ich höre **nichts**.(——你听到了什么吗?——不,我什么也没听到。)

Ich habe heute **nichts** gemacht.(我今天什么都没做。)"

"不定代词 alles 呢?"

"alles 具有概括意义,它代表一件事、一个动作,或多个组合,例如:Manche Leute wollen **alles** oder nichts.(有些人想要全部或什么都不想要。)"

"不定代词 welch- 呢?"

"不定代词 welch- 作为名词的替代词只能用于口语,并只用于事物的单数。"

"它的含义是什么?"

"Welch- 有'某事''一点'和'一些'的意思。它可以用于复数,一般只用于主语和宾语。"

"它有性、数、格的变化吗?"

"有。例如:Im Kühlschrank ist kein Käse mehr. Haben wir noch **welchen**?(冰箱里没有奶酪了。我们还有吗?)"

"这里面还有这么多的细节,不注意是不容易看出来的。"

"不过,Übung macht den Meister.(熟能生巧。)"

"一点也不错!"

今天虽然没有正式的德语课,但是她们讨论得很认真,她们之间的情谊也在不断加深。

57　有既用于人也用于物的不定代词吗？

晚上，张东东一家吃完了晚饭，丁玲玲收拾好了碗筷，大家慢慢地安静下来，天色也慢慢地降下了帷幕。大家各自回到自己的房间，Schneider 太太也一样。她开始收拾东西，准备上床睡觉。Schneider 太太有个习惯，睡觉之前要读小说。她正在书架前寻找一本书，只听见"咚咚，咚咚"两声敲门声，Schneider 太太心里纳闷，现在还有谁敲门，不过，她还是开口说："请进。"

这时，丁玲玲推门走了进来，她看见 Schneider 太太已经穿上了睡衣，不好意思地说："Schneider 太太，对不起，打扰您了。"

"没有关系，你有什么事吗？"

"有一个问题，想请教您。"

"有什么问题，请讲吧。"

"您这几天给我解释了仅用于人和仅用于事物的不定代词。"

"嗯。"

"是否有既可用于人，也可用于物的不定代词？"

Schneider 太太笑了笑，"你还在想不定代词呢。"

"这个问题我想了一整天，没弄清这个问题，今天晚上我睡不好觉。"

"没问题，请坐。"

丁玲玲坐了下来。Schneider 太太接着说："德语有既用于人也用于物的不定代词，它们是 all-、einige、jede-、ein-/ kein-、manch- 和 mehrere-。"

"能用于人和物这两者的不定代词还真不少。"

"这类不定代词也可以当作冠词用。"

"不定代词怎样与冠词区别开来呢？"

"如果不定代词后面紧接着名词，那么它就是冠词；如果它后面没有接着名词，它就是代词。"

"它们有格的变化吗？"

"有，不过，当作冠词时和当作不定代词时的变格是不同的，这点很重要。"

"如何辨认是当作冠词还是当作不定代词呢？"

中国人在德国学德语的故事

"当作冠词时,它后面一定有名词;当作不定代词时,它是单独存在的。我现在举几个例子:

Ich will **jeden** Tag Zeitung lesen.(我想每天看报纸。)这里的'jeden'是冠词。

Jeder will lange leben.(每个人都想长寿。)这里的'jeder'是不定代词。"

"all-、einige、jede-、ein-/kein-、manch-和 mehrere-这些不定代词有什么特点呢?"

"不定代词'all-'可以用作冠词或代替名词,它表示一个整体。"

"它如何变格呢?"

Schneider 太太列出了一张表格(见表 57-1),并解释道:"玲玲,你看,它们变化的词尾与定冠词一致,例如:Es liegt im Interesse **aller**,das Problem schnellstens zu lösen.(尽快解决问题符合每个人的利益。)"

表 57-1 不定代词 all-的变化

格	单数			复数
	阳性	阴性	中性	
第一格	aller	alle	alles	alle
第二格	allen	aller	allen	aller
第三格	allem	aller	allem	allen
第四格	allen	alle	alles	alle

"jede- 呢?"

"不定代词'jede-'与'all-'类似,它的变格与定冠词一样。'jede-'中文是每个(人),它有冠词的功能,也可以代替名词。"

"'jede-'与'all-'有什么不同?"

"'jede-'只有单数,它的复数用'all-',例如:Ich bin mit **jedem** zufrieden.(我对每个人都很满意。)它也有变格(见表 57-2)。"

表 57-2 不定代词 jede-格的变化

格	单数			复数
	阳性	阴性	中性	
第一格	jeder	jede	jedes	alle
第二格	jedes	jeder	jedes	aller
第三格	jedem	jeder	jedem	allen

续表

格	单数			复数
	阳性	阴性	中性	
第四格	jeden	jede	jedes	alle

"ein-/kein-呢?"

"不定代词'ein-'和'kein-'代表已经提到或已知的不定名词。不定代词'ein-'与'kein-'是一对,'ein-'的否定形式是'kein-'。"

"它们有复数吗?"

"'ein-'的复数形式改为'welch-',而'kein-'则保留其复数形式。例如:

—Kann ich ein Bonbon bekommen?(我可以得到糖果吗?)

—Nein, du bekommst **keins**, aber er kann **eins** bekommen.(不,你一个也得不到,但他可以得到一个。)"

"ein-/kein-又是如何变格呢?"

"不定代词 ein-/kein-变格(见表 57-3)。要注意的是,数词 einer 可代替 jemand,keiner 可代替 niemand,复数 alle 可代替 jedermann。"

表 57-3 不定代词 ein-/kein-的变化

格	单数			复数
	阳性	阴性	中性	
第一格	einer/keiner	eine/keine	eins/keins	welche/keine
第二格	eines/keines	einer/keiner	eines/keines	welcher/keiner
第三格	einem/keinem	einer/keiner	einem/keinem	welchen/keinen
第四格	einen/keinen	eine/keine	eins/keins	welche/keine

"那 manch-和 mehrere 呢?"

"manch-和 mehrere-可以用作冠词或代替名词,不过两者有区别。从含义来讲,前者是'一些',后者是'许多';前者有单数和复数的变化,后者只存在复数。"

"请举个例子吧。"

"例如:**Manche** haben **mehrere** Schwierigkeiten beim Studium.(有些人在学习上有多重困难。)"

Schneider 太太又拿一张纸列出了两张表格(见表 57-4 和表 57-5),然后

中国人在德国学德语的故事

给了丁玲玲,说:"这是它们的性、数、格的变化。"

表 57 – 4　不定代词 manch – 的变化

格	单数			复数
	阳性	阴性	中性	
第一格	mancher	manche	manches	manche
第二格	manches	mancher	manches	mancher
第三格	manchem	mancher	manchem	manchen
第四格	manchen	manche	manches	manche

表 57 – 5　不定代词 mehrere – 的变化

格	复数
第一格	mehrere
第二格	mehrerer
第三格	mehreren
第四格	mehrere

这时,钟声响了,丁玲玲一看,时间不早了,已经 9 点 30 分。她连忙说:"Schneider 太太实在对不起,打扰您了。"

"玲玲,跟你讨论德语,既能用到我以前学到的知识,还能帮助你,我很高兴,因为我给出了对别人有价值的东西。"

"这可是无价之宝。"

"谢谢你的夸奖!"

"晚安,Schneider 太太!"

"晚安,玲玲!"

丁玲玲满意地离开了 Schneider 太太的房间,在她心中,Schneider 太太现在已经成了她的知心朋友,她感到格外地幸运。

58　数词在句中可当作什么词来使用？

平平在上学 1 个月后，迎来了她的 8 岁生日。平平邀请了她的 5 位同学和朋友来家里，一起庆祝她的生日。

丁玲玲为了这个生日庆祝会，做了充分的准备，还特地请教 Schneider 太太，怎样做生日蛋糕。德国人做蛋糕很认真，一定要有做蛋糕的食谱，上面写明了蛋糕的配料与分量，可做多少块蛋糕，准备工作需要多少时间，做蛋糕需要多少步，每一步具体干什么。

丁玲玲看着食谱上写的食材的重量、数量，以及烘焙用时等数字，突然她脑海里冒出了一个问题，便问 Schneider 太太："德语的数字在句子中可以当作什么词来用？"

"玲玲，你在做蛋糕，怎么突然想到数字了？"

"您看，这个单子上全与数字有关。"

"这倒也是。好吧，我只讲个大概。"

"好的。"

"顾名思义，数词是用来表示数字的，它分为定数词和不定数词。"

"哪些属于定数词？"

"属于定数词的是基数词和序数词，它们指的是确定的数量。

(1)基数词：如 eins、drei、fünf（一、三、五）等。

例如：Der Lehrer sammelte die **zehn** Hefte ein.（老师收集了十个本子。）

(2)序数词：如 zweiter、sechster、dreizehnter（第二、第六、第十三）等。

例如：Er hat ein **zweites** Fahrrad geschenkt bekommen.（他得到了作为礼物的第二辆自行车。）"

"哪些属于不定数词？"

"不定数词表述没有确切的定量。属于不定数词的有 alle（所有的）、einige（几个）、etwas（有些）、manche（一些）、nichts（没什么）、viele（很多）、wenige（很少）等。例如：

Aller Anfang ist schwer.（万事开头难。）

中国人在德国学德语的故事

Manche Frauen arbeiten nur halbtags.（有些妇女只从事非全时工作。）"

"它们就是您前一段时间介绍的不定代词。"

"另外,从定数词和不定数词又可以派生出,或者以复合方式产生出倍数词、重复数词、分数词、种类数词、集体数词和分配数词。"

"它们是如何演变的呢?"

"倍数词是由基数词加后缀-fach（倍）构成的,包括 dreifach、achtfach、hundertfach、ielfach（三倍、八倍、百倍、多倍）等,例如:

Ich werde den Kuchen nächstes Mal mit der **zweifachen** Menge an Zucker backen.（下次我会用双倍的糖来烤蛋糕。）"

"还有哪些词是从基数词派生而来的呢?"

"从基数词派生而来的数词还有重复数词和种类数词。重复数词也被称为迭代次数,它是由基数词或者不定代词加数量副词-mal（次）组成的,包括 einmal、viermal、vielmal（s）、manchmal（一次、四次、多次、有时）等。例如:**Manchmal** fahre ich mit dem Fahrrad.（有时我骑自行车。）"

"种类数词呢?"

"种类数词是由基数词的古体第二格或者不定数词加后缀-lei 组成的,包括 einerlei、dreierlei、allerlei、vielerle（一样的、二样的、各种各样的、多种的）等。例如:

Vor der Abreise haben wir noch **allerlei** Dinge zu erledigen.（在我们离开之前,我们还有很多事情要做。）"

"有从序数词演变而来的数词吗?"

"有,分配数词是由序数词加后缀-ens 构成的,例如:erstens、zweitens、zwanzigstens（第一、第二、第二十）等。你还记得分数吗?"

"您以前解释过分数,它是由基数词和序数词组成的,分子用基数词,分母由序数词＋后缀-l 组成。"

"不错,你还记得,那就举几个例子吧。"

"例如:$\frac{1}{3}$ 为 'zwei drittel',$\frac{3}{10}$ 为 'drei zehntel',$\frac{8}{20}$ 为 'acht zwanzigstel',$\frac{11}{100}$ 为 'elf hundertstel'。"

"现在还有集体数词和划分数词,它们的组成不同于前面所提到的数词,它们不是在基数词或者序数词后面加后缀,而是在基数词或者序数词前面加副词。"

"它们是如何演变的呢?"

"划分数词是在基数词前面加副词 je 构成,包括 je einer、je zwei、je zehn、

58 数词在句中可当作什么词来使用?

je hundert(每一个、每两个、每十个、每百个)等。例如:
　　Die Mutter gab den Kindern **je zwei** Birnen.(妈妈给孩子们每人两个梨。)"
　"集体数词呢?"
　"集体数词在德语中表示不同事物的归属关系。它们由副词 zu 后面加上去掉词尾-e 的序数词构成,包括 zu zweit、zu viert、zu acht(两个、四个、八个)等。例如:
　　Wir waren **zu viert** beim Mittagessen.(午餐时我们四个人。)"
　"数词在句中可当作什么词来使用?"
　"最常见的是作为形容词来使用,例如:
　　Nils darf **sechs** Kinder zu seinem Geburtstag einladen.(Nils 被允许邀请六个孩子参加他的生日聚会。)
　　In **drei** Tagen ist Sonntag.(三天后是星期天。)"
　"数字可以当作副词使用吗?"
　"当然可以,例如:Auf **einmal** regnete es.(突然下雨了。)"
　"您能举个用数字当连词的例子吗?"
　"序数词也常当作连词使用,例如:Erstens... zweitens...(第一……第二……)。"
　"这话我还真没听说过。"

自做的生日蛋糕(陶翠屏　摄)

　"数词常常被当作名词来用,也被称为名词化。"
　"换句话说,它可以当名词用,在句中作主语和宾语。"

■ 中国人在德国学德语的故事

"是的,当然其中也包括表语了。总之,数词可以作为形容词、副词、名词或者代词,也可以充当表语。"

"明白了。"

烤箱的铃响了,这时丁玲玲和 Schneider 太太将蛋糕从烤箱里拿了出来,她们一切准备就绪。"叮铃铃,叮铃铃",门铃响了,平平跑过去,打开了门,她的第一位客人到了。客人陆陆续续地到齐,生日快乐歌响起,随后孩子们大口大口吃起了蛋糕。丁玲玲和 Schneider 太太看见孩子们喜滋滋地吃蛋糕,心里乐开了花,给这个添一块蛋糕,帮那个添一块蛋糕,忙得不亦乐乎!平平到德国的第一个生日就这样愉快地度过了。

59　无人称动词用于何处？

这几天，温度一天比一天高，已经好久没有下雨了，绿草又变成了枯草。今天下午，突然间天黑了下来，大量的乌云遮住了太阳。这时，一道亮光划破天空，紧接着一阵阵的雷声，一声高过一声，天上闪电雷声不断地交错。平平跑进房间，大声喊道："妈妈，妈妈，马上要下雨了，你赶快到外面去收衣服。"

丁玲玲听到后，拔腿就往外面跑，Schneider 太太也大声喊着："快！快收衣服！要下大雨了！"丁玲玲手忙脚乱到处抓衣服，刚把衣服抱进屋内，就听着哗啦啦的雨声，倾盆大雨从天而降。Schneider 太太说："下雨了，院子里的草有救了。Es blitzt, es donnert, es regnet."

"您刚才说了什么？"

"下雨了，闪电了，打雷了。"

"您在这里都用了'es'，它是什么意思呢？"

"在德语中，绝大多数动词用人称代词作主语，但有一部分动词用 es 作主语，前者为人称代词，后者为无人称代词。"

"无人称代词后面接什么动词呢？"

"无人称代词后面接无人称动词。无人称动词是只能与无人称代词'es'（它）一起使用，而不能与其他人称代词 ich、du、er、wir（我、你、他、我们）一起使用的动词。"

"无人称动词有几种类型？"

"它可以分为真正的和借用的两种。"

"什么是真正的无人称动词？"

"有关天气和大自然其他方面的动词，属于真正的无人称动词，包括 blitzen（闪电）、regnen（下雨）、nieseln（下毛毛雨）、stürmen（风暴）、dämmern（黎明）、donnern（打雷）、kriseln（面临危机）等。例如：

　　Es blitzt.（闪电了。）

　　Es donnert.（打雷了。）

　　Es regnet.（下雨了。）

中国人在德国学德语的故事

Es schneit.（下雪了。）"

"还有其他情况吗？"

"还有真正的无人称动词是 es gibt，其后面接第四格宾语，表示某物存在或呈现，例如：**Es gibt** viele Autos auf dem Parkplatz."

"Es gibt 我也常常听到，但没有明白是什么意思。"

"除了前面说的真正的无人称动词外，还有一些人称动词，也可以作为无人称动词使用，这就是借用的无人称动词，例如 geben（给）、klingeln（按铃）、läuten（敲响）、klopfen（敲打）、riechen（闻）等。"

"请举几个例子。"

"例如：**Es** klingelt an der Tür，machst du bitte auf.（门铃响了，请开门去。）这里的'es'为虚假主语，'klingeln'作为无人称动词使用。

Mein Nachbar hat gerade geklingelt.（我的邻居刚按门铃。）这里的'mein Nachbar'作为人称主语。"

"还有吗？"

"Hier riecht **es** schon etwas komisch，oder nicht?（这里闻起来有点奇怪，不是吗?）这里的'es'作为无人称主语。

Puh，**du** riechst aber stark nach Zigarettenrauch.（呸，你闻起来有强烈的香烟味。）这里的'du'作为人称主语。"

"听起来容易，但要实际应用还有一定的难度。"

"没有关系，说错了就改，失败是成功之母嘛。"

"谢谢您，Schneider 太太，您不仅给了我的力量，给了我勇气，还给了我许多德语的知识。"

"我很高兴这样做，不用谢。"

然后，她们各自回房收拾去了。

60　介词有哪些类型？

今天,平平放了学,她不像往常一样,放下书包就跑到对面去找 Sabina 玩,而是从书包里直接拿出德语教科书找她妈妈,她对妈妈说:"妈妈,今天我们老师讲的许多什么 an、auf、über 等,我没有明白它们是什么意思。"

"让我看一看。"

丁玲玲接过课本,仔细地看了这一课,回答道:"这里的词都是介词。"

"什么是介词？"

"介词是描述两个(及以上)事物之间时间、地点、情况或原因等关系的词。它们通常直接位于其参考词的前面。"

"哦。"

"不过,妈妈对德语介词不了解,你最好去问一问 Schneider 太太。"

平平点了点头,急忙跑去找 Schneider 太太。Schneider 太太正在厨房里忙着,平平喊着:"奶奶,奶奶!"

Schneider 太太问道:"平平,有什么事吗？"

平平气喘吁吁地说:"我,我……"

Schneider 太太拍着平平的肩膀,说:"平平,不用着急,慢慢说。"

平平这时才静下来,吸了一口气,慢慢地说:"奶奶,我这里有一些问题,我妈妈说她不懂,让我来问你。"

Schneider 太太接过课本,看了一会儿,便说:"这个不难,等我们吃完午饭后再说,行不行？"

"行!"平平很干脆地回答道。

不一会儿,午饭做好了。大家一起吃了午饭,休息了十来分钟,Schneider 太太喊着:"平平,你把你的课本拿来,说一说你有哪些问题。"

"好的,奶奶,我来了。"

平平带着课本和作业本来到 Schneider 太太的房间,Schneider 太太接过课本,晃了一眼,说:"平平,我写一句话,你能找出其中的介词吗？"

Schneider 太太在纸上写了这样一句话:"**Wegen** einer Autopanne musste

中国人在德国学德语的故事

der Mann **am** Dienstagabend **ohne** sein Auto **von** der Arbeit **nach** Hause gehen.（由于汽车抛锚，这位男子周二晚上不得不在没有车的情况下，下班走回家。）"

平平在纸上用铅笔画出了句子中的 5 个介词。

"平平，你画得全对！"Schneider 太太高兴地夸奖平平。

平平又说："可我不知道为什么在这里使用这些介词。"

Schneider 太太耐心地解释道："根据句子的含义，我们可以将介词分为不同类型，它们有地点、时间、方式、因果（原因/目的）和中性介词。同一个介词可以属于多种类型。"

"什么是中性介词？"

"中性介词是一种特殊形式，只有在与动词、名词或形容词结合时才有意义。中性介词的意义包括：证明某事（名词），为某事感到自豪（形容词），对某事感兴趣，害怕某事（动词）。"

"奶奶，您能举几个例子吗？"

"好的，例如：

Der Baum steht **vor** dem Haus.（这棵树在房子前面。）（地点——在哪里？）

Wasch dir **vor** dem Essen die Hände.（饭前洗手。）（时间——什么时候？）

Wir zitterten **vor** Kälte.（我们冻得瑟瑟发抖。）（因果——为什么？）

Die Kinder haben Angst **vor** dem Hund.（孩子们害怕狗。）（中性——害怕某事）"

"哦，这里的介词全用'vor'。"

"是呀，但它在每句话的含义都不同。"

"它们有哪些不同？"

"平平，你看：第一句中的'vor'+名词指的是地点——在哪里；第二句中的'vor'+名词指的是时间——什么时候；第三句中的'vor'+名词指的是因果——为什么；第四句中的'vor'+名词指的是中性——害怕某事。也就是说，它与句子中表达的意思有关。"

Schneider 太太接着说："你再看看，前面这一句中的 5 个介词怎样区分？**Wegen** einer Autopanne 表示原因，**am** Dienstagabend 表示时间，**ohne** sein Auto 表示方式，**von** der Arbeit **nach** Hause 表示地点。"

"我明白了。"

"那你也举几个例子，给我听一听。"

平平想了一会儿，说道："例如：

Ich komme **aus** China.（我来自中国。）

Linda kommt **um** 9 Uhr.（琳达 9 点钟来。）

Wir fahren **mit** dem Fahrrad.（我们骑自行车去。）

Sie interessieren sich **für** Musik.（您对音乐感兴趣。）"

"平平,看来,你是真明白了。"

"谢谢奶奶!"

"不用谢!"

平平抱着课本和作业本离开了 Schneider 太太的房间,回到自己的房间里开始做作业了。

61 介词后的名词为何有第三格和第四格之分？

这次女儿有关介词的提问，引起了丁玲玲对介词的兴趣，她开始关注介词的用法。这一天，天气好，丁玲玲和 Schneider 太太两人坐在花园里的椅子上聊天。不一会儿，对面的猫窜入 Schneider 太太的院子里。院子里有一棵大树，树下有一个小凳子，这只猫跳到这个小凳子上，接着又伸了个懒腰。丁玲玲和 Schneider 太太都观察到这只猫的行动，丁玲玲笑着对 Schneider 太太说："Die Katze springt auf dem Stuhl.（猫跳到椅子上。）"

Schneider 太太马上纠正丁玲玲的错，说道："在这里的介词'auf'后面应该接第四格宾语。"

"为什么同一个介词后面有第三格和第四格之分呢？"

"这个问题问得好，你知道介词后面可以接名词的哪些格吗？"

"我想有三格吧：第二格（<G>），第三格（<D>）和第四格（<A>）。"

"对的，用于第二格的介词有 aufgrund/auf Grund（由于）、wegen（因为，由于）、trotz（尽管）等。例如：

Wegen der Hitze fiel der Unterricht aus.（由于天气炎热，课程被取消。）

Das Flugzeug startete **trotz** aller Warnungen.（飞机不顾所有警告起飞。）"

"第三格呢？"

"有 aus（从...里出来）、außer（除...之外）、bei（在...附近）、zu（到...去）、bis zu（到...为止）、mit（与...）、nach（在...之后）等。例如：

Er kommt **aus** dem Haus.（他从屋子里出来。）

Außer mir war niemand auf der Straße.（除了我，街上没有人。）

Nach der Arbeit fuhr sie **mit** dem Bus nach Hause.（下班后，她乘公交车回家。）"

"那第四格呢？"

"接第四格的介词有 bis（到...为止）、für（为了）、gegen（朝、向）、ohne（没

61 介词后的名词为何有第三格和第四格之分？

有、无、不包括)、um（围绕、环绕）、durch（穿过、经过）、entlang①（沿着）等。例如：

Kannst du das **bis** nächsten Montag erledigen?（你能在下周一之前完成这项工作吗？）

Gehen Sie **durch** den Tunnel und dann die Straße **entlang**!（穿过隧道，然后沿着街道走！）

Ohne dich haben wir keine Chance **gegen** die andere Mannschaft.（没有你，我们就没有机会对抗另一支球队。）"

"还有其他的介词吗？"

"还有你刚刚提到的第三格和第四格的介词。这类介词的特点是，根据后面所接的名词的行动或者状态，来决定使用第三格或者第四格。"

"有意思，它们是哪些介词呢？"

"它们是 an、auf、in、über、unter、hinter、neben、vor、zwischen。这 9 个介词可以构成地点状语，当我们想表达一个动作（Wohin?——去哪里？）时，就使用第四格；当涉及一个位置（Wo?——在哪里？）时，同一个介词后面使用第三格。"

"能举几个例子吗？"

"我现在用一张图来解释它，这样容易理解。"Schneider 太太从书架上找出一本书，其中有一张图（见下图），她对着这张图开始慢慢解释道："你看，从这张图中，你可以知道这 9 个介词之间的关系。

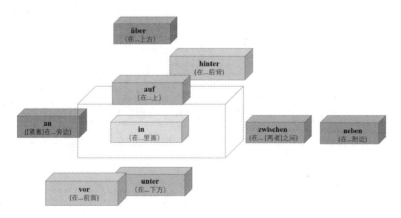

带有第三格和第四格 9 个介词的示意图（陶翠屏　绘制）

---

① Entlang 可以支配第三格或第四格的介词。

中国人在德国学德语的故事

第三格用于位置,它可以回答疑问词 Wo(在哪里)引领的问句,例如:
Das Bild hängt *an der Wand*.(图片挂在墙上。)
Die große Katze schläft *auf dem Stuhl*.(大猫睡在椅子上。)
Die kleine Katze ist *hinter dem Stuhl*.(小猫在椅子后面。)
Mehre Goldfische schwimmen *in dem Teich*.(几条金鱼在池塘里游来游去。)
Der Schäferhund liegt *unter dem großen Baum*.(德国牧羊犬躺在大树下。)"

"那第四格呢?"

"第四格用于方向,它可以回答疑问词 Wohin(去哪里)引领的问句,例如:
Die kleine Katze lehnt sich *an die Wand*.(小猫靠到墙上。)
Die große Katze klettert *auf den Stuhl*.(大猫爬上椅子。)
Die kleine Katze kriecht *hinter den Stuhl*.(小猫趴在椅子后面。)
Der Schäferhund springt *in den Teich*.(德国牧羊犬跳进池塘。)
Die große Katze geht *unter den großen Baum*.(大猫走到大树下。)"

"如果你不解释,我还真不明白为什么。"

"另外,介词和冠词经常组合成一个词,你看看下面的表格(见表61-1)。"

表61-1 介词和冠词经常组合成一个词的举例

介 词	介词 + 冠词	举 例
an	an dem = am	Ich warte **am** Kino.
bei	bei dem = beim	**Beim** Spielen hat er die Zeit vergessen.
in	in dem = im	Ich bin **im** Wohnzimmer.
	in das = ins	Kommst du auch **ins** Wohnzimmer?
von	von dem = vom	Ich komme gerade **vom** Einkaufen.
zu	zu dem = zum	Ich gehe **zum** Sport.
	zu der = zur	Wir gehen **zur** Schule.

"我明白了。"

"玲玲,你学德语学得很快,现在已经超过你的先生了。"

"东东不能与我相比。我有时间,他没有;我是学语言的,他是学工科的。"

"你也太谦虚了。"

"这不是谦虚不谦虚的问题,而是事实呀。"

Schneider 太太更进一步地了解了丁玲玲的性格。

62 用什么方法可以辨别副词的类型?

当人们谈论形容词时,头脑中自然会冒出副词。这几天,丁玲玲一直在想副词的问题。她想,德语的副词会有与英语的副词类似的地方,不过,一定也有它自己的特点。所以,今天上德语课时,丁玲玲向她的德语老师 Schneider 太太提出了有关副词的问题。

丁玲玲问:"有关副词,英语是这样定义的:副词用来修辞动词、形容词、其他副词或全句,说明时间、地点、程度、方式等。德语也是这样吗?"

"德语对副词的定义与英语类似,它主要是描述动作的特征,如动作发生时的地点、时间、情况或原因,因而也被称为动词的描述词。"

"副词可分为哪几种类型?"

"副词根据描述的对象,可分为地点副词、时间副词、方式副词、原因副词和代副词。"

"用什么方法可以辨别副词的类型?"

"用疑问词可以辨别副词的类型。"

"怎样用疑问词来辨别副词的类型?"

"如果是地点副词,它是回答 Wo、Woher、Wohin(哪里？从哪里来？到哪里去?)引领的问句的。地点副词包括 hier(这里)、dort(那里)、daran(其旁)、darauf(其上)、oben(上面)、drunten(其下)、hinten(后面)、links(左边)、rechts(右边)、diesseits(这边)、irgendwo(在某处)、überall(到处)、unterwegs(途中)、daheim(在家)等。"

"您能举几个例子吗?"

"好的,我举几个例子:

Dort gehe ich zur Schule.（Wo?)我去那里上学。(在哪里?)

Wir gehen den Hang **hinunter**.（Wohin?)我们走下斜坡。(到哪里去?)

Von **überall** kamen die Menschen, um sich die Vorstellung anzusehen.（Woher?)人们从四面八方赶来观看演出。(从哪里来?)"

"时间副词呢?"

中国人在德国学德语的故事

"时间副词是回答以 Wann、Wie lange、Wie oft、Seit wann、Bis wann（何时、多久、多少次、从何时起、到何时）来提问的问句的。时间副词包括 jetzt（现在）、morgens（早上）、abends（晚上）、neulich（最近）、heute（今天）、gestern（昨天）、stündlich（每小时）、nun（现在）、bis jetzt（直到现在）、jährlich（每年）、immer（总是）、nicht mehr（不再）、bisher（至今）、nie（从不）、tagelang（几天之久）、zeitweise（有时）等。例如：

Morgen habe ich Geburtstag.（Wann?）明天是我的生日。（什么时候？）

Bis gestern habe ich es nicht verstanden.（Bis wann?）直到昨天我才明白。（到何时止？）

Schon immer spiele ich Klavier.（Seit wann?）我一直弹钢琴。（从何时起？）

Selten hat in diesem Sommer die Sonne geschienen.（Wie oft?）今年夏天很少有阳光。（多少次？）

Stundenlang habe ich Computer gespielt.（Wie lange?）我玩了几个小时电脑。（多久？）"

"若是方式副词呢？"

"若是方式副词的话，用 Wie、Auf welche Weise、Wie sehr、（如何、以什么方式、何种程度）来询问，方式副词有 so（这样）、so halbwegs（马马虎虎地）、allerdings（当然）、oft（经常）、manchmal（有时）、gern（乐意）、kaum（几乎不）、wirklich（真的）、vielleicht（也许）、wenigstens（至少）、trotzdem（尽管如此）等。例如：

Gern komme ich morgen vorbei.（我乐意明天来。）

Leider habe ich meine Hausaufgaben vergessen.（不巧的是我忘记了我的家庭作业。）

Vielleicht gehen wir morgen ins Kino.（也许明天我们会去看电影。）

Ich habe **kaum** geschlafen.（我几乎没睡。）

Ich **allein** habe die Verantwortung.（我独自负责。）

So kann es weiter gehen.（它可以这样继续下去。）"

"原因副词呢？"

"原因副词，有时也称为因果副词，是回答 Warum、Weshalb、Wozu，（为什么、为何、为什么目的）疑问词，原因副词有 deinetwegen（因为你）、unsertwegen（因为我们）、darum（对此）、dadurch（由此）、deswegen（为此）、deshalb（因此）、also（那么）等。例如：

Deshalb habe ich dir nichts gesagt.（这就是为什么我什么都没告诉你。）

Ich brauche etwas frische Luft, **darum** gehe ich jetzt nach draußen.

(Warum?)(我需要一些新鲜空气,所以我现在要到外面去。)"

"代副词呢?"

"代副词通常由 da、hier、wo 与介词组成(见表 62 - 1)。"

表 62 - 1 代副词构成一览表

副词	＋介词	＝代副词
wo	nach	wonach
wo	auf	worauf
wo	an	woran
da	nach	danach
da	gegen	dagegen
da	in	darin
hier	aus	hieraus
hier	mit	hiermit
hier	zu	hierzu

"哦,原来是这么回事。"

"在这里,我举一个例子:Kannst du mich **daran**（an unsere Verabredung）erinnern?［你能提醒我(我们的约会)吗?］这取代了之前已经提到过的内容,很清楚地表达了它的全部内容。

另外,还有用于引入疑问或关系从句的疑问和关系副词,例如:

Der Bus steht dort, **wo** er immer steht.（公共汽车总是在那里。）

Er hatte mir bereits eine Pizza bestellt, **was** mich sehr gefreut hat.（他已经给我订了披萨,这让我很高兴。）

Wohin gehen wir?（我们去哪?）

Wofür hast du das gekauft?（你买这个干什么?）"

"这些副词有格的变化吗?"

"副词和形容词一样,本身没有任何变化,但有些副词会有'原级-比较级-最高级'的变化。"

"德语中的副词与形容词还有一些相似的地方。"

"你说得对,有关它们之间的异同点,我们下次再谈。"

"好的,现在我还得好好地消化一下这些副词,慢慢地去领会它们的意义和种类。"

中国人在德国学德语的故事

　　这时,门铃响了,丁玲玲去开门,是平平放学了。丁玲玲抬头看了墙上的钟,说:"平平,这今天怎么回来这么早?"

　　"我们的老师病了,所以,学校放我们的假。"

　　丁玲玲点了点头,表示赞同。然后她们准备做午饭了。

63　鉴别一个词是形容词还是副词有诀窍吗？

前几天，通过 Schneider 太太讲解，丁玲玲了解到了有关形容词和副词的一些情况，但奇怪的是，这两类词类容易搅混在一起。所以，在今天的德语课上，她想弄清这个问题。到了上课的时间，丁玲玲拿着本子和笔走进客厅，Schneider 太太已坐在桌旁，正在喝咖啡，她笑着问："玲玲，你今天有什么问题呀？"

"Schneider 太太，我今天还真是带着问题来的。您上次讲过那么多形容词和副词，以及它们的种类和作用，这两类词类我有时候容易弄混。"

"对于德国人来说，形容词与副词也常有弄混的时候。你是外国人，这不足为怪。"

"形容词和副词有哪些不同之处？"

"这两类词的不同点在于用法不同，意义不同。"

"形容词是来说明名词的，副词是用来补充动词的。"

"你说得对，玲玲，你如何判断一个词是形容词还是副词呢？"

"我想，就要看它后面是否是名词。"

"你说到了点子上了，那么副词呢？"

"这正是我不明白的地方。"

"副词不仅可以与动词相结合，还可以与形容词、副词，甚至与名词相结合，我来举几个例子。

补充动词：Meine Freundin kommt **bald**.（我的女朋友快来了。）

补充形容词：Ihre Haare sind sehr **lang**.（您的头发很长。）

补充副词：Sie kommt sehr **bald**.（她很快就要来了。）

补充名词：Meine Freundin **dort**...（我的女朋友在那里……）"

"哦。"

"有人找出了一个技巧来判断副词的词性。"

"什么技巧？"

"只要将单词移动到句子中的不同位置，便可知道它是形容词还是副词。"

"您举个例子，行吗？"

中国人在德国学德语的故事

"行。例如:'neu'(新的)是一个形容词,我可以在句子中将它重新排列和更改:

'Mein Buch ist **neu**.'(我的书是新的。)可改为'das neue Buch'(这本新书)。这里的'neu'(新的)能放在名词'Buch'前来描述这个名词,也还有格的变化。

又如:'Der Kindergarten ist **hier**.(幼儿园在这里。)'若改为'Der **hiere** Kindergarten ist zu laut.'则是错的。这里的'hier'(这里)不能放在名词'Kindergarten'(幼儿园)前来描述这个名词,更没有格的变化。换句话说,在这里,你不能重新排列'hier',它也不能与名词相匹配。前一句'das **neue** Buch'可以,说明'neu'是形容词,后一句'Der **hiere** Kindergarten ist zu laut.'不行,说明'hier'是副词。"

"这还真是一个好办法呀!"

"总之,你首先需要知道副词总是涉及动词、名词、形容词或其他副词。但是,形容词总是与名词有关。要判断一个词是形容词还是副词,你可以试着把它放在名词前面。如果这可行,并且这个词的形式发生了变化,它就是一个形容词。"

"明白了。"

"但一定要记住,形容词描述人或者事物的性质,副词是补充行动、过程或状态的更详细情况。"

"形容词和副词有什么相似的地方呢?"

"两者也有相似的地方,例如,他们在句中都小写。"

"哦。"

"另外,它们都有比较等级的变化。"

"您指的是原级—比较级—最高级。"

"对的。"

"谢谢您,Schneider太太!"

"不用客气!"

叮铃,叮铃,叮铃,门铃响了。Schneider太太走去开门,丁玲玲赶紧寻找纸和笔,她想马上写下刚才Schneider太太所讲的内容,生怕忘记了。她相信中国的一句俗话:"好记性不如烂笔头。"

64 如何使用连词?

今天,丁玲玲领着女儿平平与对门的 Sabine 和她的妈妈一起,去 Sabine 家的菜地,主要任务是拔草、松土和浇水。大菜园中间,有一个用木头做成的小房子,房子里存放着出租者提供的一些农具,如锄头、铁锹、水桶等。

丁玲玲一行一到这里,平平和 Sabine 就提着小筐往菜地里跑,Sabine 的妈妈大声喊着:"Sabine und Pingping,你们慢点跑,小心脚下的石头!"

这句话提醒了丁玲玲,她问 Kerstin:"你刚才这句话用了连词 und,是吗?"

"是的。"

"连词是将句子的成分联系起来的吧。"

"这是连词的作用之一。连词不仅能将句子的成分联系起来,而且还可以将单词、短语甚至主句、从句和单个句子元素相互连接起来。"

"连词有哪些类型呢?"

"连词可分为两种类型:并列连词和从属连词。"

"并列连词容易理解,它是将两个句子连接起来。"

"准确地说,是将 2 个同等级别的句子连接起来,例如 2 个主语、2 个谓语、2 个宾语,这个句子被称为并列复合句。例如:Ich nehme eine Hacke **und** du nimmst eine Schaufel.(我拿一把锄头,你拿一把铲子。)"

"什么是从属连词?"

"从属连词是将主句和从句连接成为主从复合句。"

"能举一个从句连接词的例子吗?"

"好的,例如:Ich esse einen Apfel, **weil** ich hungrig bin.(我吃一个苹果,因为我饿了。)该句是主从复合句。"

"从句可以单独存在吗?"

"从句不能单独存在,主句可以,这是从句的最大特点。"

中国人在德国学德语的故事

"在主句和从句之间可以直接连接在一起吗?"

"不行,主句和从句之间用逗号',' 分隔开来。"

"德语有哪些连词呢?"

"德语中有众多连词。"Sabine 的妈妈边说边用手机从网上找到了两张图(见下图),说道:"这里列有最常见的连词,并提供了解释和示例。"

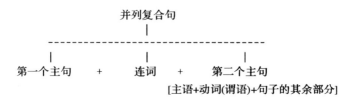

例 1:Ich komme her **und** du gehst fort.
　　我来了,你要走开。

例 2:Wir gehen heute ins Kino **oder**(wir)(gehen) noch Einen trinken.
　　我们今天去看电影或者喝一杯。

例 3:Die Ware ist nicht nur gut,**sondern**(die Ware)(ist) auch noch billig.
　　商品不仅好,而且便宜。

并列复合句组成示意图以及举例

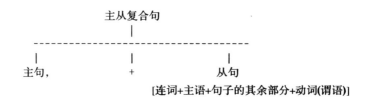

例 1:Der Boden ist nass,**weil** es heute geregnet hat.
　　因为今天下过雨,地上湿漉漉的。

例 2:Du musst dich noch umziehen,**bevor** wir ins Theater gehen.
　　我们去剧院之前你得换衣服。

例 3:Wir rannten schnell,**dass** wir den Bus bekamen.
　　我们赶紧跑去上公交车。

主从复合句组成示意图以及举例

"哇! 要能准确地使用它们,还真不是一件容易的事。"

"是呀,不过,玲玲,你得慢慢来,你一定会掌握好它们的。"
"谢谢你的鼓励,我努力吧。"
丁玲玲高高兴兴地加入了菜地的劳动。

65　德语动词有哪些变化？

丁玲玲是学英语的，她知道，在一种语言中，动词是很重要的一大词类。今天上德语课，她想知道，德语动词有哪些特点。当丁玲玲带着本子来到客厅时，Schneider 太太已在这里等候了。丁玲玲迫不及待地问道："Schneider 太太，我知道，动词是用来表示作为主语的人或物的动作或者过程。那么与英语相比，德语动词有哪些特点呢？"

Schneider 太太不慌不忙地说："在德语中，动词也称为活动词、动作词或时间词，它描述句子的主语正在做什么，并根据人称、数量和时态调整它们的结尾。与英语相比，德语动词有相似之处，也有不同的地方，例如现在式、过去式，与英语相同，不相同的地方是动词的变化形式。"

"哦。"

"动词是比较复杂的词类，可不是一两句话就能够说得清楚的。"

"那您就说一说德语动词有哪些主要特点。"

"我认为，德语动词主要有 3 种变化的形式。"

"哪 3 种？"

"动词的弱变化、强变化和混合变化。"

"它们之间有什么区别呢？"

"弱变化动词指的是词干不变，过去式是在词根后加后缀 - te，以词根 - t、- d 结尾的词加后缀 - ete。过去分词（第二分词）用 ge...t 构成弱动词的变化，若单词以词根 - t、- d 结尾时，其加后缀 - et。例如：'machen'（做）的不定式为 'machen'，过去式为 'mach**te**'，过去分词为 '**ge**mach**t**'；'antworten'（回答）的不定式为 'antworten'，过去式为 'antwort**ete**'，过去分词为 '**ge**antwort**et**'。"

"强变化动词是如何变化呢？"

"强变化动词指的是不规律变化动词，它是通过词根元音变化而构成过去式和过去分词，例如：'sehen'（见，看见）的不定式为 'sehen'，过去式为 'sah'，过去分词为 'gesehen'；'schreiben'（写）的不定式为 'schreiben'，过去式为 'schrieb'，过去分词为 'geschrieben'。"

"它们的变化没有规律,那就只好背了。"

"可不是,不过,它们有两个特点。"

"哪两个特点?"

"第一个特点是不等式(也称为现在时不等式)词根的元音在过去式和过去分词中有变化;第二个特点是过去分词加前缀-ge,结尾总是有-en。现在,你再看看前面的例子。"

"那么混合变化是将弱变化和强变化两者合在一起啰。"

"混合变化的动词属于不规则变化动词的特例,只不过它的变化只在词的元音上,其他的变化与弱变化动词一样,具有弱变化动词的特征,所以,称它为混合变化的动词。"

"听起来好像很复杂,请举个例子吧。"

"例如动词 rennen(跑),其不定式为'rennen',过去式为'rannte',过去分词为'gerannt'。"

"明白了,它们还真像是弱变化与强变化结合在一起的样子。"

"德语的时态变化主要体现在动词上面。"

"德语有多少时态呢?"

"在德语动词中有六种时间时态,它们是现在时、现在完成时、过去时、过去完成时、第一将来时和第二将来时。"

"英语中有进行时,德语中怎么没有进行时呢?"

"在德语中,现在时不仅用来表示目前发生的动作或过程,也表示在说话时正在进行的动作或过程。"

"过去时、完成时容易理解,什么是第一将来时和第二将来时呢?"

"第一将来时是用来表达将来会发生的事情的,当将来发生的事不一定发生时,也用来它表示一种猜测,例如:Der Brief wird wohl fertig sein.(这封信可能已经准备好了。)

当有表示时间的词时,也可以用现在时来代替第一将来时,如:Deine Mutter kommt übermorgen zu dir.(你妈后天来看你。)"

"第二将来时呢?"

"第二将来时与第一将来时的关系类似于现在时与现在完成时、过去时与过去完成时的关系,它是用来表示在第一将来时叙述所发生的事情之前已经完成的动作,例如:

Sobald ich das Telegramm erhalten haben werde, werde ich sofort abreisen.(我一收到电报,就马上动身。)"

"原来它们是一对呀!"

中国人在德国学德语的故事

"由于这种表达方式过于冗长和累赘,所以用得很少,一般都以现在完成时来代替。现在我们将前面的句子改成现在完成时:'Sobald ich das Telegramm erhalten habe, reise ich sofort ab.'"

"的确如此。德语动词有几种类型呢?"

"在德语中,人们将动词分为独立动词、助动词和情态动词。"

"独立动词指的是表示动作、过程和状态的动词。"

"是的,它可以在句子中独立存在,助动词则不同,它必须与其他动词一起组成不同的时态。"

"有哪些词是助动词?"

"在德语中,动词 sein、haben 和 werden 均属于助动词。"

"也有情态动词吧?"

"当然有,它们是 dürfen、können、mögen(möchten)、müssen、sollen 和 wollen,它们必须与独立动词一起使用,例如:Ihr **wollt** ein Haus bauen.(你想盖房子。)"

"这种类似于英语。"

"动词的特点太多,在这里只讲这几个主要的东西。"

"这里您已经讲了不少特点了。"

"今天就讲到这里。"

"好的,下次再接着讲。"

于是,她们结束了今天的德语课。

66　助动词 haben 与 sein 的用法有哪些不同？

现在，天气已进入深秋。Sabine 的妈妈要到菜地去看一看有什么蔬菜可以收获，丁玲玲带着女儿平平也跟着一起去了。丁玲玲一行到了 Sabine 家的菜地，菜地里还有不少蔬菜，如西红柿、辣椒、四季豆等。平平和 Sabine 一下子兴奋起来，提着篮子，一会儿跑到西红柿苗前摘几个西红柿，一会儿跳到四季豆豆架上摘下一串四季豆，跑来跑去，笑声不断。Sabine 的妈妈和丁玲玲在菜地里浇水、松土、除草，她们指望还能有一次收获。过了一会儿，她们完成了今天的任务。这时，丁玲玲用德语对 Sabine 的妈妈喊道："Schaue, Pingping und Sabine haben weggelaufen.（看，平平和 Sabine 跑走了。）"Sabine 的妈妈先一愣，但没有发表任何议论，只说："我们准备回家吧。"丁玲玲感觉到有什么不对，但不知道错在什么地方。

等到大家都收拾好了东西，在回家的路上，Sabine 的妈妈对丁玲玲说："玲玲，德国人不会说 haben...weggelaufen。"

"为什么？"

"因为在这里动词 weglaufen 不用助动词 haben，而是用 sein。"

"什么时候用助动词 haben？什么时候用助动词 sein？"

"haben 和 sein 都是助动词，我们使用助动词来表示后面动词的现在完成时、过去完成时和将来时。不过，有些动词用 haben，有些动词用 sein。对于德语初学者来说，这不是那么容易的事。"

"哪些动词可以用助动词 haben？"

"大多数德语动词用助动词 haben 构成现在完成时、过去完成时和将来时。"

Sabine 的妈妈详细地解释了哪些动词可以用 haben 作为助动词：

(1) 一切及物动词，例如：Er hat den Tisch gedeckt.（他已经摆好了桌子。）

(2) 不表示位置/状态变化的不及物动词，例如：Max hat geschlafen.（Max 睡着了。）

中国人在德国学德语的故事

（3）一切反身动词和相互动词①，例如：Ich habe mich verlaufen.（我迷路了。）Wir haben uns in Berlin kennengelernt.（我们是在柏林认识的。）

（4）作独立动词以及助动词使用的情态助动词，例如：Was hat er gewollt?（他想要什么？）

（5）一切真正的无人称动词，包括 blitzen、donnern、hageln、nieseln、regnen、schneien（下雪）、stürmen 等，例如：Es hat geregnet.（下雨了。）

（6）其他动词，包括 anfangen（开始，动手）、beginnen（开始）、zunehmen（增加）、abnehmen（减少）、aufhören（停止）等，例如：Ich habe fünf Kilogramm zugenommen.（我增加了 5 千克。）

紧接着丁玲玲问道："哪些动词可以使用助动词 sein？"

Sabine 的妈妈笑着说："玲玲，你还真有打破砂锅问到底的劲头。"

于是，她继续介绍说："助动词 sein 用于这 3 类动词：

（1）不及物动词（没有宾格的动词）随着位置的变化而移动，例如 gehen（步行）、laufen（跑步）、fahren（开车）等，举个例子：Er ist gelaufen.（他已经跑了。）

（2）状态变化的不及物动词，例如 aufwachen（醒来）、gefrieren（冻结）、sterben（死亡）等，举个例子：Ich bin eingeschlafen.（我睡着了。）

（3）其他动词，例如 bleiben、sein、werden 等，举个例子：Wir sind zu Hause geblieben.（我们待在家里。）"

"我明白了，我刚才说的动词属于随着位置的变化而移动的不及物动词，应该用 sein：Pingping und Sabine sind weggelaufen."

"说的对！"

"不过，你要注意谓语的框形结构。"

"我明白了，上次 Schneider 太太说过，谢谢你的解释！"

"现在我们该回家了。"

"好的，孩子们，回家喽！"

于是，她们一行四人提着丰收的蔬菜，高高兴兴地往家里走去。

---

① 相互动词使用反身代词，意思是"彼此"。因此，它只能使用复数。这些动词包括：sich kennen（彼此认识）、sich sehen（看到对方）、sich lieben（彼此相爱）、sich streiten（争论）、sich einigen（同意）。

67　欧洲最大的露天盐水喷雾位于何处？

这个周末，Peter 与张东东约定，他开车与张东东全家一起去巴特克罗伊茨纳赫（Bad Kreuznach）。

Peter 对巴特克罗伊茨纳赫很熟悉，因为在他小时候，他父母亲经常带着他到那里度假。巴特克罗伊茨纳赫是一个休假疗养的好地方。

张东东他们一行到了那里后，Peter 将汽车停在萨利宁塔（Salinenta）盐谷对面，它位于温泉小镇巴特明斯特（Bad Münster）和巴特克罗伊茨纳赫之间。他们过了马路，看见不远处有好几座萨利宁塔，每座高9米。没走几步路，他们一行马上感觉到嘴里有盐味。张东东一家三口感到格外稀奇，张东东问 Peter："前面的6座塔是用来干什么的呀？我们似乎来到了海边。"

Peter 回答道："这就对了，这6座塔叫作萨利宁塔，它们是欧洲最大的露天盐水喷雾处，确保了纳赫（Nahetal）河谷最佳的海洋气候。所以，它们起到的效果就是让你有一种在海边的感觉。"

瞭望巴特克罗伊茨纳赫（Bad Kreuznach）的萨利宁塔（陶翠屏　摄）

> 中国人在德国学德语的故事

"这露天盐水喷雾处是什么时候建的?为何而建?"

"它建于1732年,起初是为了制盐,但后来不断发展,变成现在从500米深处打出盐水,然后经过6座萨利宁塔,制成盐水喷雾,用来生产对身体有益的空气。"

"谁首先发现盐水对健康有促进作用?"

"据说是来自威斯巴登的一位医生,他叫Johann Erhard Peter Prieger(1792—1863),他发现盐水对健康有促进作用。1817年,Prieger大夫在巴特克罗伊茨纳赫建立了世界上第一个盐水浴池。从那时起,盐水被用于治疗疾病。无论是吸入疗法还是浴疗法,盐水疗法都具有重要作用,特别是在风湿性疾病、哮喘或皮肤病的治疗方面。"

"吸入盐水和雨露治疗法对哮喘或者皮肤病真的有效吗?"

"当然是真的,因此,来到这里的人特别多,到这里 Inhalation[吸入(盐水喷雾)]。"Peter在这里用了德语的一个名词Inhalation。丁玲玲突然打断了Peter的话,问道:"Inhalation是不是从动词inhalieren演变而来呢?"

Peter睁大眼睛望了丁玲玲一眼,便对张东东说:"东东,学文科的与学工科的人就是不一样,听到一个词就能想到一个问题。"Peter回过头,对丁玲玲说:"是的。"

"前些日子,你姑妈给我讲过形容词和动词的名词化。"

"在德语中,名词化就是将其他词性的单词转换为名词。德语中,经常把动词或形容词变成名词,然后将名词化词第一个字母大写,并加上冠词。例如动词fliegen(飞),它名词化后是das Fliegen。"

Peter在纸上还写了几个例子(见表67-1)。

表67-1 动词和形容词名词化的举例

词性	初始形式	名词化后
动词	lachen	das Lachen
	einladen	die Einladung
形容词	leicht	das Leichteste
	grün	das Grüne

"这些动词名词化后,有什么好处吗?"

"借助动词名词化,来改变文章的风格,它可以简明扼要地描述过程。"

"我还没有完全明白你的意思。"

"这好办,我举个例子。

动词名词化之前：Wir **analysierten** die Ergebnisse，nachdem wir die Umfrage **abgeschlossen hatten.**（我们在完成调查后分析了结果。）

动词名词化之后：Die **Analyse** der Ergebnisse erfolge nach **Abschluss** der Umfrage.（结果分析在调查完成后进行。）"

丁玲玲听完了Peter解释后，自己做了一个总结："原来用的是从句，现在通过名词化，由介词短语所代替以前的从句。这样一来，句子变得短小精悍了。"

"就是这个道理"，Peter赞同地点了点头。

他们一行慢慢地通过萨利宁塔，盐水喷器物喷出的盐水从鼻子吸入流到口中，平平高兴地在上边奔跑，丁玲玲大声喊道："平平，要小心呀！"

"妈妈，我知道了。"平平跑得更快了。

这一天，大家玩得特别的开心。在回家的路上，个个都累了，平平在车上很快就睡着了。丁玲玲看见女儿沉睡的样子，感觉这一天收获很大。不仅玩得痛快，而且对身体健康有好处，同时还了解了德语的动词名词化。真是一举三得！她想着想着，也慢慢地闭上了眼睛。

巴特克罗伊茨纳赫（Bad Kreuznach）的萨利宁塔（陶翠屏　摄）

68　有没有辨认德语名词属性的窍门？

这几天，丁玲玲花了不少时间看德语名词的属性。以前学英语单词，她只要看一会儿，写几遍，就能背下来。可现在学德语单词，不仅要会背单词，还要记下它的属性。例如 Schneider 太太上次提到的动物名词：der Hund（狗）、die Katze（猫）、das Schwein（猪）。在她眼里，这些动物名词都应当属于中性，可在德语中，它们是有阳性、阴性和中性之分的。在逻辑上想不通，所以，丁玲玲记得住单词，就是记不住它们的属性。

今天到了丁玲玲上德语课的时间，丁玲玲想问问 Schneider 太太，有什么窍门或者方法来记名词的属性。丁玲玲还没有开口，Schneider 太太就说："要了解德国名词，就必须知道它的性、数、格。"

丁玲玲说："我现在知道德语性、数、格的重要性。"

Schneider 太太接着说："由于从文章中有时不能直接看到名词的属性，所以学习德语单词时，最好总是将单词与它的冠词一起记。"

"这个道理我都懂，但是，我记得住单词，就是记不住它的冠词。"

"也许是你在逻辑上没有想通。"

"您说得没错。例如 der Monat（月份）、die Woche（星期）、das Jahr（年份），它们都与日期有关，可'月份'是阳性，'星期'是阴性，'年份'又是中性，从逻辑上说不通，所以我就是记不住。"

"这是学德语的难点。"

"我正想问您，有没有辨认德语名词属性的窍门？"

"一个名词究竟属于哪种属性，规律很多，不容易记。不过德语名词中有一些特征，它们可以帮助人们辨认德语名词的属性。"

"有哪些特征呢？"

"这些特征与两个因素有关：一个是名词的含义，另一个是名词的结尾（也称后缀）。这也许算是其中的窍门。"

"那您赶快说一说它们其中的窍门吧。"

"从名词含义的范围来说，阳性生物一般在语法方面也是阳性，阴性生物为阴性，例如：阳性有 der Vater(父亲)，der Arzt(男医生)，der Stier(公牛)；阴性有 die Mutter(母亲)、die Ärztin(女医生)、die Kuh(母牛)。"

"等一会儿，我要记一记。"丁玲玲打开本子，拿起笔，说："好的，可以开始了。"

丁玲玲全神贯注地听 Schneider 太太介绍辨认德语名词属性的窍门。

"名词的含义所归属的范围称为词场。季节、月份、星期、序数词、方向等方面的名词通常为阳性名词。

表示季节的：Frühling(春)、Sommer(夏)、Herbst(秋)、Winter(冬)；

表示月份的：Januar(一月)、Juli(七月)、Dezember(十二月)；

表示星期的：Montag(星期一)、Dienstag(星期二)、Sonntag(星期日)；

序数词：vierte(第四)、zwanzigste(第二十)；

表示方向的：Nordwest(en)(西北)、Süd(en)(南)。"

"有哪些词场属于阴性名词？"

"相对于阳性名词的词场，属于阴性名词的词场要少得多，除了女性用语和职业外，还有基数、一些花和水果等，例如基数：Eins、Drei(一、三)。另外，大多数植物和树木的名称单词为阴性名词，例如，植物和树木的名称：Birke(桦树)、Chrysantheme(菊花)、Rose(玫瑰)，但也有例外，如 der Ahorn(枫树)、das Veilchen(紫罗兰)。"

"中性名词包括哪些词场？"

"它的词场也不多，包括以下几种。

小词(-chen、-lein)——Kaninchen(小兔子)、Fräulein(小姐)；

动词的名称化——Essen(吃饭)、Schreiben(写作)；

形容词的名称化——Gute(好)、Böse(坏)；

颜色名称——Rot(红色)、Gelb(黄色)、Blau(蓝色)。"

"还有其他方面吗？"

"大多数词分数、化学元素、金属为中性名词。

分数：Drittel($\frac{1}{3}$)、Viertel($\frac{1}{4}$)等，但是 die Hälfte($\frac{1}{2}$)例外。

几乎所有已知的 112 种化学元素：Aluminium(铝)、Kupfer(铜)、Uran(铀)等，其中 der Kohlenstoff(碳)、der Sauerstoff(氧)、der Stickstoff(氮)、der Wasserstoff(氢)、der Phosphor(磷)、der Schwefel(硫)6 种元素例外。

金属：Blei(铅)、Messing(黄铜)、Zinn(锡)等，但是 die Bronze(青铜)、der Stahl(钢)例外。"

"如何从名词的后缀来辨认它的属性呢？阳性名词有哪些后缀呢？"

中国人在德国学德语的故事

"以-er、-ism结尾的单词是阳性名词:

-er(源自动词的名词):Fahrer(司机)、Lehrer(老师)。

-ism:Kapitalismus(资本主义)、Journalismus(新闻业)。"

"哦。"

"大多数以下列词缀结尾的词都是阳性名词:

-ant:Demonstrant(抗议者)、Elefant(大象)。但是das Croissant(羊角面包)、das Restaurant(餐厅)例外。

-ling:Lehrling(学徒)、Schützling(门徒)。但是das Dribbling(运球)、das Bowling(保龄球)例外。

-ner:Rentner(养老金领取者)、Schaffner(乘务员,售票员)、Zöllner(海关官员)。但是das Banner(横幅)、die Wiener(Wurst)(香肠)例外。

-or:Motor(发动机)、Traktor(拖拉机)。但是das Chlor(氯)例外。"

"也有阴性名词后缀吗?"

"当然有,它们是以下几种。

-heit:Freiheit(自由)、Sicherheit(安全)。

-keit:Möglichkeit(可能性)、Schnelligkeit(速度)。

-schaft:Freundschaft(友谊)、Mannschaft(团队)。

-ung:Leitung(领导,线路)、Zeitung(报纸)。

以下列词缀结尾的外来词也是阴性名词。

-ade:Hitparade(流行歌曲排行榜)、Marmelade(果酱)。

-age:Garage(车库)、Passage(通道)。

-anz:Eleganz(优雅)、Dominanz(霸道)。

-enz:Existenz(存在)、Tendenz(倾向)。

-ik:Kritik(批评)、Musik(音乐)。

-ion:Diskussion(讨论)、Koalition(联盟)。

-tät:Identität(身份)、Qualität(质量)。"

"中性名词有哪些后缀呢?"

"大多数以下列词缀结尾的单词是中性名词:

-ment:Instrument(工具,乐器)、Parlament(议会)。但是der Konsument(消费者)、der Zement(消费者水泥)例外。

Ergebnis(结果)、Tennis(网球)。但是die Fahrerlaubnis(驾照)、die Wildnis(旷野)例外。

-o:Auto(汽车)、Konto(账户)。但是die Avocado(鳄梨)、der Euro 欧元例外。

-um（来自拉丁语）：Publikum（观众）、Museum（博物馆）、Stadium 体育场。

-tum：Quantum（量子，数量）、Ultimatum（最后通牒）。但是 der Reichtum（财富）、der Irrtum（错误）例外。"

"这些对辨认名词属性很有帮助。"

"此外，有些名词会有不同的冠词，不同的冠词决定了这个词的含义，例如：

der Band 书册（装订本）、die Band 乐队（乐队）、das Band 带（磁带）；

der Lama 喇嘛（佛教僧侣）、das Lama 骆马（动物）；

der Kiwi 几维鸟（鸟）、die Kiwi 猕猴桃（水果）。"

"那它们的复数呢？"

"在复数形式中，无论名称属性是哪一类，所有名词都用冠词 die。你要注意的是，这里所说的只适用于单数。"

"明白了。"

"今天就学到这里，给你布置一个作业，将我写的这些词的属性记住，下次我要考考你。"

"没问题。"

晚上吃饭时，张东东问："玲玲，你今天做了什么？"

"我今天收获可大了，从 Schneider 太太那里学到了辨认德语名词属性的窍门。"

"哦，你讲给我听听。"

"等我完成 Schneider 太太布置的作业后，再告诉你。"

"好的。"

晚上，丁玲玲躺在床上时想，德语名词真复杂，每个名词除了要记住单词外，还要背上冠词和复数。不花时间和精力，是学不会的。

69　什么是命名日？

今天，丁玲玲的丈夫上班去了，女儿上学去了，只剩下她一个人在家。忙完家务事后，她从房间拿出来了一个大包，将大包放在客厅的大桌子上，里面是她从超市里买来的不同颜色的纸，还有在外面拾来的小木棍和树叶等等。这时，丁玲玲听到脚步声，她回头一看，是 Schneider 太太。Schneider 走过来，看见桌上一大堆的东西，便问："玲玲，你在干什么？"

丁玲玲笑着回答道："平平要一个小灯笼，为了下周学校组织的马丁游行（Martinszug）。"

"你想自己做？"

"是的，我反正也没什么事，自己做一个试一试。"

Schneider 太太检查了一下桌上的东西，说道："你可能还需要粘贴的东西，还有一些小铁丝。"

"您说得对，那我现在就去超市买。"

Schneider 太太马上阻拦道："不用了，家里有。"

Schneider 太太说完，连忙到地下室找出来不同粗细的铁丝，还有贴胶。

丁玲玲和 Schneider 太太两人开始动手做起灯笼来了。突然，丁玲玲问起 Schneider 太太："平平说，11 月 11 日是马丁日（Martinstag），所以，他们学校组织马丁游行。为什么称 11 月 11 日为马丁日呢？"

"因为这一天是 Martin 的命名日。"

"什么是命名日？"

"这来自于宗教。命名日[①]的传统要追溯到中世纪，大约在 1050 年至 1198 年之间。"

"有这么长的历史了。"

"那时，天主教徒经常为他们的孩子们选择圣人的名字，这个名字作为孩子的守护神。"

---

① 德国 2022 年含有命名日的日历详见附录 18。

"还有这回事。"

"选择圣人的名字,不仅是为了保护孩子,而且在某种程度上起到了榜样的作用。"

"命名日是圣人的出生日吗?"

"大多数情况下,命名日是圣人逝世的周年纪念日。"

"那么为什么要在命名日进行庆祝呢?"

"当某人出生时,他的出生日是随机的,但孩子什么时候通过洗礼加入宗教社区,是可以随意选择的。所以,人们有一个很真正的理由来庆祝。他的父母希望他像圣人一样,能做同样的好事。"

她们边聊边做,现在已做好了两盏灯笼,一大一小。大的是红色,小的是黄色。

丁玲玲看着这两盏灯笼,说:"希望平平能满意。"

Schneider 太太坚定地说:"平平肯定会特别满意的。玲玲,你放心吧。"

她们两人都期待着平平从学校早点回来,因为她们想知道,平平对这两盏灯笼是如何评价的。

70　Sankt Martin 真有其人？

今天是 11 月 11 日，它是 St. Martin① 的命名日。晚上，平平的学校组织了 Martinszug。学生们拿着漂亮的灯笼，在晚上 7 点钟陆陆续续地来到了学校。随后，Martinszug 开始了。孩子们拿着灯笼在前面走，孩子们的家长跟随其后，丁玲玲与 Sabina 的妈妈同行。孩子们在老师的带领下，一会儿背诗，一会儿唱歌。孩子们在老师的带领下，高唱着德国家喻户晓的一首歌，它就是"Laterne, Laterne"（《灯笼歌》）：

Laterne, Laterne, Sonne, Mond und Sterne.

Brenne auf mein Licht, brenne auf mein Licht, aber nur meine liebe Laterne nicht!

Laterne, Laterne, Sonne, Mond und Sterne.

Sperrt ihn ein, den Wind, sperrt ihn ein, den Wind, er soll warten, bis wir alle zu Hause sind!

Laterne, Laterne, Sonne, Mond und Sterne.

Bleibe hell, mein Licht, bleibe hell, mein Licht, denn sonst strahlt meine liebe Laterne nicht!

（灯笼，灯笼，太阳，月亮和星星。点燃我灯笼上的蜡烛，点燃我灯笼上的蜡烛，但不要燃烧到我亲爱的灯笼上！

灯笼，灯笼，太阳，月亮和星星。把风锁起来，把风锁起来，它应当等到我们全都回家来！

灯笼，灯笼，太阳，月亮和星星。保持着我的蜡烛光亮，保持着我的蜡烛光亮，不然我亲爱的灯笼就不会发光！）

Sabina 的妈妈给丁玲玲解释道："每年 11 月 11 日左右，成群结队的孩子带着五颜六色的灯笼游行，他们穿过黑暗的大街小巷，唱着灯笼歌。在即将到来的寒冬里，大家感到高兴，心里很暖和，可热闹了。"

---

① St. Martin 是 Sankt Martin 的缩写，中文为圣马丁。

在马丁日小学生举行的马丁游行(Martinszug)(陶翠屏 摄)

丁玲玲问 Sabina 的妈妈:"St. Martin 真有其人吗?"

"据说 St. Martin 真有其人,他真名叫作 Martin von Tours。"

"哦。"

"大约于公元 316 或 317 年,Martin von Tours 出生在松博特海伊(Szombathely)。"

"松博特海伊在什么地方?"

"当时它是罗马帝国的地盘,现在属于匈牙利。他父亲是一名罗马军官。因此,Martin 不得不违背自己的意愿,参了军,15 岁加入罗马骑兵支队。"

"Martin 是一位军人呀。"

"他在当兵的时候,驻扎在现在的法国北部。那是一个寒冷的冬日,Martin 骑马出城门,遇到了一位没穿衣服的乞丐。这个乞丐与他交谈,请求他的帮助。"

"他帮乞丐了吗?"

"Martin 除了手中的武器和斗篷,身上没有什么东西可给。他二话没说,连忙拿起剑,将斗篷一分为二。一半给了乞丐,另一半搭在自己的肩膀上。"

"他做了善事,难怪人们怀念他。"

"据说,那天晚上 Martin 做了一个梦,梦见到这个乞丐,他透露自己是耶稣基督。"

"后来呢?"

"Martin 担任图尔(Tours)主教 Bischof 约 30 年,据说创造了无数奇迹。公元 397 年 11 月 8 日,Martin 在坎德斯(Candes)去世,11 月 11 日,他被埋葬在图尔。"

"Martin 还真是一位守护神。"

> 中国人在德国学德语的故事

"后来,教会任命骑士 Martin 为圣人。人们为了纪念他,将 11 月 11 日定为 Martinstag。每年这一天,人们举行各种纪念活动,如 Martinszug、Martinsgansessen①、Martinssingen②,有的人还在活动中扮演骑士 Martin。"

"难怪学校也举行 Martinszug 呢。"

学校的 Martinszug 快要到终点了。丁玲玲对 Sabina 的妈妈说:"我们现在得到前面去,找一找我们的孩子们。"

"好呀!"Sabina 的妈妈回应道。

两位妈妈加快脚步往前面走去。

---

① Martinsgansessen 中文为马丁鹅餐。
② Martinssingen 中文为马丁歌。

71　Advent 的名字来源于何处？

时间过得真快,已经到了 11 月底了。无论是超市还是家庭,到处都在做准备迎接圣诞节的到来。Schneider 太太也一样,在家里忙这忙那,丁玲玲问 Schneider 太太:"离圣诞节还有三周多的时间,为什么现在就开始准备圣诞节了呢?"

"现在是降临节,就是要为圣诞节做准备。"

"什么是降临节？它是哪一天？"

"圣诞节前 4 周的星期日定为基督降临节,简称降临节,德语是 Advent。它不是指的哪一天,而是指这一段时间,也称为降临期,德语为 Adventszeit。"

"Advent 的名字是从哪里来的？"

"'Advent'这个名字来自拉丁语'adventus',意思是'到达',这意味着等待耶稣基督的到来。"

"哦。"

"圣诞节之前,有 4 个星期日是降临节,它提醒我们期待耶稣基督的到来。"

在客厅里的桌子上放着基督降临节花环(Adventskranz),丁玲玲指着花环问道:"谁发明了这个基督降临节花环？"

"降临节花环由新教神学家和福音派教会使命的创始人 Johann Hinrich Wichern(1808 — 1881)于 1839 年发明,他当时萌生了用燃烧的蜡烛数圣诞节前的日子的想法。"

丁玲玲用手摸着降临节花环,然后说:"我看花环是用冷杉树枝做成的,是吗？"

"是的,它象征着生命和希望。Johann Hinrich Wichern 天主教的降临花环最初是一个马车车轮,上面总共有 24 支蜡烛:周日有 4 支大白蜡烛,平日有 20 支小红蜡烛。每天点燃一支蜡烛,直到圣诞节前夕所有的蜡烛都被点燃。这盏灯象征耶稣基督在圣诞节作为世界的真光诞生。"

"为什么要用冷杉树枝做成降临节花环呢？"

"从 1860 年起,Johann Hinrich Wichern 使用冷杉树枝装饰降临节花环。

> 中国人在德国学德语的故事

冷杉是生命的象征：冷杉在冬天也是绿色的，预示着大自然在春天唤醒新生命的希望。"

"后来呢？"

"随着时间的推移，由 Johann Hinrich Wichern 制作的基督降临节花环已经发展成为今天常见的带有四支蜡烛的基督降临节花环。第一次世界大战后，降临节花环的习俗在德国南部的各个教派中传播开来。"

"现在，在超市里有许多有关圣诞节的商品。"

"超市和商店随时都可以把你买的礼物送到家。"

"常听说圣诞老人送给孩子的最美的礼物。"

法兰克福（Frankfurt am Main）的圣诞节集市一角（陶翠屏　摄）

顾客在寻找基督降临节花环（陶翠屏　摄）

"如今的礼物真是五花八门，各种各样，而且越来越贵，有的家长甚至把手机送给孩子。"

"这就是商业化的结果，是没有上限的。"

"你说得一点也没错，但是不能这样惯孩子，人是贪婪的。"

"所以,教育是最重要的。平平不追求名牌东西。"

"平平很懂事。"

"还是你们父母亲教育得好。"

丁玲玲笑了笑,她心里明白,她为此付出了不少的心血呀。

72　德国人过元旦有哪些习俗？

经过了四周基督降临节和圣诞节之后，中间只有五天，又要到元旦了。德国人是怎样过元旦的？又有哪些习俗？张东东和丁玲玲一直想问 Schneider 太太，但没有找到合适的机会。今天，正好吃完晚饭，大家没有事，随便闲聊。丁玲玲好奇地问道："Schneider 太太，还有几天就是元旦了，德国人如何迎元旦呢？"

张东东接着说："我们中国人爱放鞭炮。"

Schneider 太太回道："我想，德国也有类似的习俗。"

"迎元旦德国有哪些习俗？"张东东紧接着问道。

Schneider 太太想了一会儿，说："在除夕，这里也有各种不同的习俗，有些也与迷信有关。"

"说说看，有哪些习俗？"

"人们相信放烟花和鞭炮可以驱散鬼和邪灵，让幸福和幸运陪伴我们度过新的一年。"

丁玲玲说："这与我们中国人相似。"张东东点了点头。

"在旧年的最后 10 秒，人们都会举着香槟，并大声倒数，往往与电视一起，数到 0 点，然后碰杯。香槟杯叮当作响，人们祝愿彼此幸福，新年快乐。"

"一定要用香槟吗？"

"用香槟敬酒已成为一种传统，标志着向新年的过渡。光知道'Prosit Neujahr'或者 Guten Rutsch[①]的祝愿语还不够，还要了解它们有趣的背景。"

"它们有什么样的背景？"

"'Prosit'一词取自拉丁语词汇，意思是'让它成功'。"

"那'Guten Rutsch'呢？"

"这句话可以源自于意第绪语[②] Gut Rosch，它也意味着开始。人们希望在新的一年有良好的开端和好运。"

---

① 德语 „Prosit Neujahr" oder „Guten Rutsch"的中文意思是"新年快乐"，它们只在过元旦时使用。
② 意第绪语属于日耳曼语族。

"这话说得很形象,就像一下子从旧年'滑入'了新年。"

"大多数人在圣诞节和新年之间休假,不工作,最好不要洗衣服,要敬神仙,这样新年的运气才会落在他的头上。"

"那么,什么是典型的新年菜肴呢?"

"奶酪土豆或火锅是新年前夜不可或缺的一部分。'Berliner',俗称甜甜圈,它也是 12 月 31 日的一道受欢迎的菜肴。装满果酱或其他美食的糕点袋在这一天用特殊的釉料装饰,在每个面包店出售。"

"哦。"

"在有些地区,Linsengerichte(扁豆菜肴)也很受欢迎。"

"这里面有什么说法?"

"有一种说法,人们在新年前吃糊状的豌豆或者扁豆,是希望'金钱啊,越来越多,越多越好',因为豆类代表'意外的赐福'。"

"真有意思,虽然有迷信的成分,但听起来也是人们对美好的向往。"

丁玲玲继续问道:"什么是吉祥物呢?"

"Glücksklee(幸运四叶草)象征着幸运和希望,用杏仁糖制成的幸运猪也很受欢迎。野猪对德国人来说是神圣的,它象征着财富和繁荣。"

"还有幸运物吗?"

"还有 Marienkäfer(瓢虫),它是除夕的另一个幸运象征。Marienkäfer 被认为是天主之母的天上使者,保护病人和儿童。"

Glücksklee(幸运四叶草)(陶翠屏 摄)

Schneider 太太又停顿了一下,接着说:"哎,我差点忘记了,扫烟囱的人也是一种典型的幸运符。过去当元旦时,他们常常走在大街上,祝福每个人新年

> 中国人在德国学德语的故事

快乐!"

"这些吉祥物我们还是第一次听说,感到格外的新鲜。"

"是的,每一个国家,不同的民族都有自己独特的风俗习惯。"

"今年,我们在德国用德国人的习俗来庆祝元旦。"

大家都笑着点了点头。

73　在德国最大的收获是什么?

钟表的秒针滴答、滴答地响着,人们的生活一天一天地过着。时间一晃,张东东在德国工作快满一年了,他的任务也已完成。下一周,张东东一家三口就要回中国了。

这几天,张东东一家到他们经常去的地方,又溜达了一圈,五指塔、玫瑰园、市中心、Woog……往事又渐渐地浮现在他们的眼前。他们想起了学德语的过程:从对德语一无所知,到开始知道德语有多少个字母;从入学彩蛋,到德国孩子们最喜欢的电视节;从人名字的阴阳之分,到德语性、数、格的变化;从最长德语单词……

张东东一直在想,我怎么才能向帮助过我的人表达自己的谢意呢。他打算在家里开一个告别宴会。于是,他把自己的这个想法告诉了他夫人丁玲玲,丁玲玲二话没说:"没问题,我去办。"

在这个宴会上,丁玲玲和张东东准备了丰富的中餐和西餐,丁玲玲和她的女儿平平还做了饭后甜食。这一天,来了不少的客人,有张东东研究所的人,也有平平的朋友和同学们。从下午吃蛋糕、喝咖啡,到晚上吃晚餐。晚餐是先喝汤,然后正餐,最后饭后甜食,大家热热闹闹,高高兴兴,张东东一家和Schneider太太忙了一整天。

晚上,客人们陆陆续续地离去,这里也渐渐地安静起来。送走最后一位客人后,张东东全家和Schneider太太坐在花园的凳子上,看着天上的星星和月亮。这是一个满月,月亮爬到很高了,又圆又亮。突然,张东东问道:"Schneider太太,您知道怎么用不同的德语词说再见吗?"

"东东,你怎么现在想起这个问题呢?"Schneider太太奇怪地问道。

"您看,我们所里的人那么多,如果告别的话,想用不同的词来说再见,那多有意思呀。"

"看来,你还很有心。我问你,你会说几种再见?"

"常说的是(Auf)Wiedersehen,有时用英语说bye-bye(拜拜)。"

"还有呢?"

中国人在德国学德语的故事

"还有就是 Tschüss。"

"你说的都是德国人最常用的告别语,除此之外,还有 Lebe wohl! 或者 Leb wohl!"

"这句话我听说过,但没有用过。"

"以前,ade 流行很广泛,现在在 Schwäbisch(施瓦本语)和 Oberschwäbischen(上施瓦本语)告别时常用。"

"哦。"

"还有其他外来词:如你刚才说的英语 bye-bye,还有法语的 adieu,主要用于口语;ciao 源自意大利语,它是意大利语的非正式的问候话语,但在德语中只用于表示再见,在瑞士德语中也用于打招呼;servus 在德国南部和奥地利广泛使用,它是巴伐利亚州传统的、相当亲密的问候语,可用作问候或告别。"

"Schneider 太太,您真给我讲了不少的告别语。现在很晚了,明天我再找您,将您说的告别语一个个写下来,否则记不住啊。"

"行,那我们明天再说吧。"

Schneider 太太看了手上的表,说:"现在真的不早了,平平也该睡觉了。"

丁玲玲接过话说:"好在明天是星期天,可以睡个懒觉。晚安! Schneider 太太。"

"各位晚安!"

大家各自回到房间,不久就熄灯睡觉了。

第二天,张东东找到了 Schneider 太太,写下了昨晚她讲的几种用德语说的再见。他想好好地读一读,背一背,说不定这几天就会用到。

时间过得真快,今天是张东东一家离开德国的日子。Peter 开车准点来到了他姑妈家,Schneider 太太执意要去送张东东一家三口。在这半年时间中,他们从陌生人成了好朋友,犹如亲人一样,平平称 Schneider 太太为奶奶。

张东东一行来到了法兰克福飞机场,托运了行李。大家都很沉闷,话不多。当张东东一家三口准备去安检时,张东东想用从 Schneider 太太那里学来的几句德语来告别,可他就是说不出来,像是什么东西卡在喉咙中。这时,平平大喊的一声:"奶奶,Peter 叔叔,bis bald!(再会)"

这一下惊醒了张东东,他也大声喊道:"Schneider 太太、Peter,我们一定会再见的!"丁玲玲挥动着手,她满脸泪水,也说不出话来。Schneider 太太和 Peter 一直挥动着手,直到他们看不见张东东一家三口为止。

张东东一家在飞机上一直在谈论他们在德国做了什么。

一个问:"在德国学到了什么?"

另一个答:"做德国蛋糕。"

73 在德国最大的收获是什么？

"不是，是做德国饭菜。"
"不是，是德语。"
一个又问："德语有哪些主要特征？"
一个答："字母比英语多四个。"
另一个答："德语单词的读与写几乎一致。"
"德语数字读法要先说个位，然后十位。"
一个问："德语的特征太多，现在我们不说德语了，谈一谈在德国什么地方最好玩？"
另一个答："当然是在海边，圣彼得-奥尔丁。"
一个问："哪一个建筑物最特别？"
一个答："五指塔。"
另一个说："俄罗斯教堂。"
"我认为，是百水设计的'森林螺旋'。"
……

突然间，张东东问道："我们在德国最大的收获是什么？"他的话音还没落，丁玲玲和平平异口同声回答说："Schneider 太太，Peter，德语！"

不要小看人与人之间的语言交往，它可以让人们从陌生人变成亲人。张东东一家三口在不到一年的时间内，从德国人那里学到了许多东西。如果没有语言交流，怎么会有这样的转变呢？

语言是人们之间交流的桥梁。张东东一家通过语言，认识当地的人；通过语言，了解当地的生活；通过语言，与当地的人建立友情。张东东一家三口在德国结交了不少朋友，特别是 Schneider 太太和 Peter，他们不是亲人，却胜似亲人。这些朋友对张东东一年的生活与工作、对丁玲玲和女儿平平半年的生活与学习给予了极大的帮助。这一切在张东东一家人的脑海里留下了美好和深刻的印象。张东东一家三口的这些经历是用钱也买不到的，已成了他们的无价之宝。

附 录[①]

附录 0：本书涉及的主要德国地名与中译名对照

序 号	德 语	汉 语	首次出现的篇目
1	Darmstadt	达姆施塔特	序
2	Frankfurt am Main	美因河畔法兰克福，简称法兰克福	1
3	Hannover	汉诺威	4
4	München	慕尼黑	4
5	Hamburg	汉堡	4
6	Leipzig	莱比锡	4
7	Berlin	柏林	4
8	Wiesbaden	威斯巴登	15
9	Frankfurt (Oder)	奥得河畔法兰克福，简称法兰福（奥得河）	16
10	Bergstraße-Odenwald	山间路-奥登瓦尔德	17
11	Auerbach	奥尔巴赫	17
12	Heidelberg	海德堡	17
13	Lautertal	劳特塔尔	17
14	Buchen-Eberstadt	布亨-埃伯施塔特	17
15	Bergstraße	山间路	18

[①] 附录以在正文中出现的先后排序。附录各表格中的日期依德国习惯，按照日、月、年的顺序表述。

续表

序号	德语	汉语	首次出现的篇目
16	Wiesloch	维斯洛赫	18
17	Darmstadt-Eberstadt	达姆施塔特-埃伯施塔特	18
18	Zwingenberg	茨温根堡	18
19	Weinheim-Lützelsachsen	魏因海姆-吕策尔萨克森	18
20	Heidelberg-Handschuhsheim	海德堡-汉德舒斯海姆	18
21	Darmstadt-Dieburg	达姆施塔特-迪堡	18
22	Heppenheim	黑彭海姆	18
23	Laudenbach	劳登巴赫	18
24	Braunschweig	不伦瑞克	27
25	Magdeburg	马格德堡	27
26	Celle	策勒	27
27	Potsdam	波茨坦	42
28	Würzburg	维尔茨堡	44
29	St. Peter-Ording	圣彼得-奥尔丁	47
30	Husum	胡苏姆	47
31	Lübeck	吕贝克	50
32	Danzig	但泽	50
33	Hildesheim	希尔德斯海姆	50
34	Köln	科隆	50
35	Osnabrück	奥斯纳布吕克	50
36	Rostock	罗斯托克	50
37	Südtirol	南蒂罗尔	51
38	Schwangau	施万高	52
39	Füssen	菲森	52
40	Bad Kreuznach	巴特克罗伊茨纳赫	67
41	Bad Münster	巴特明斯特	67

注：地名以在正文出现的先后排序。

中国人在德国学德语的故事

附录 1a：德语字母表及其读音

A a [a:]	B b [b:]	C c [tse:]	D d [de:]	E e [e:]
F f [ef]	G g [ge:]	H h [ha:]	I i [i:]	J j [jott]
K k [ka:]	L l [el]	M m [em]	N n [en]	O o [o:]
P p [pe:]	Q q [ku:]	R r [er]	S s [es]	T t [te:]
U u [u:]	V v [fau]	W w [we:]	X x [iks]	Y y [ypsilon]
Z z [tset]	Ä ä [ae:]	Ö ö [oe:]	Ü ü [y:]	ß [eszet]

附录 1b：德语拼写字母表（邮政拼写版）

A=	Anton	O=	Otto
Ä=	Ärger	Ö=	Ökonom
B=	Berta	P=	Paula
C=	Cäsar	Q=	Quelle
CH=	Charlotte (Christine)	R=	Richard
D=	Dora	S=	Samuel (Siegfried)
E=	Emil	SCH=	Schule
F=	Friedrich	ß=	Eszett (scharfes S)
G=	Gustav	T=	Theodor
H=	Heinrich	U=	Ulrich
I=	Ida	Ü=	Übermut (Übel)
J=	Julius	V=	Viktor
K=	Kaufmann (Konrad)	W=	Wilhelm
L=	Ludwig	X=	Xanthippe (Xaver)
M=	Martha	Y=	Ypsilon
N=	Nordpol	Z=	Zacharias (Zeppelin)

注：奥地利的德语拼写字母表与德国略有不同，不同之处在这里用括号内的内容表示。

（来源：https://austria-forum.org/af/Wissenssammlungen/Essays/Vermischtes/Buchstabieralphabet）

附录1c：德语拼写字母表（商业和行政拼写版）

A	Aachen
Ä	Umlaut Aachen
B	Berlin
C	Chemnitz
D	Düsseldorf
E	Essen
F	Frankfurt
G	Goslar
H	Hamburg
I	Ingelheim
J	Jena
K	Köln
L	Leipzig
M	München
N	Nürnberg
O	Offenbach
Ö	Umlaut Offenbach
P	Potsdam
Q	Quickborn
R	Rostock
S	Salzwedel
ß	Eszett
T	Tübingen
U	Unna
Ü	Umlaut Unna
V	Völklingen
W	Wuppertal
X	Xanten
Y	Ypsilon
Z	Zwickau

（来源：https://www.din.de/de/din-und-seine-partner/presse/mitteilungen/von-aachen-bis-zwickau-867074）

附录2：德国联邦州名称的德汉语对照表

德语全称	德语简称	汉语全称
Baden-Württemberg	BW	巴登-符腾堡州
Bayern	BY	巴伐利亚州
Berlin	BE	柏林市（首都，城市州）
Brandenburg	BB	勃兰登堡州
Bremen	HB	不来梅市（城市州）
Hamburg	HH	汉堡市（城市州）
Hessen	HE	黑森州
Mecklenburg-Vorpommern	MV	梅克伦堡-前波莫瑞州
Niedersachsen	NI	下萨克森州
Nordrhein-Westfalen	NW	北莱茵-威斯特法伦州

中国人在德国学德语的故事

续表

德语全称	德语简称	汉语全称
Rheinland-Pfalz	RP	莱茵兰-普法尔茨州
Saarland	SL	萨尔州
Sachsen	SN	萨克森州
Sachsen-Anhalt	ST	萨克森-安哈尔特州
Schleswig-Holstein	SH	石勒苏益格-荷尔斯泰因州
Thüringen	TH	图林根州

注：Bundesrepublik Deutschland，简称 BRD，即德意志联邦共和国。

附录3：德语部分辅音发音规则及举例

字　母	读　音	举　例
ch	[x]在 a、o、u 和 au 之后； [ç]在所有其他元音之后，在 l、n 和 r 之后并且在结尾；-chen 和 -ig 中（ig 也可以读作 [ik]）； [k]在 a、o、u、l、r 和 s 之前。 注意：ch 的发音在单数中可能与复数中不同！例如：书的单数 dasBuch（[X]），书的复数 die Bücher（[ç]）	[x]：Bach, doch, Buch, auch [ç]：Bäche, ich, Bücher, echt, Milch, durch, manchmal, Mädchen, einig [k]：Chaos, Chor, Chlor, sechs
h	h 在单词和音节的开头发音； h 作为拉长读音符号，这里的 h 不发音，而只是表示前面的元音为长音	[h]：Hund, Hunde｜hütte, unter｜haltenh 不发音，元音发长音：Drohung, sehen, gehen, ruhig
st/sp	在单词和音节的开头，st 读作"scht"，而 sp 发音为"schp"	Stein, ver｜stecken, Sprache, aus｜sprechen
b, d, g, s, v	在单词和音节的末尾使用 b、d、g、s 和 v 发音为 [p]、[t]、[k]、[s] 和 [f]，这被称为清音化	ab [p], und [t], Weg｜gang [k], Haus｜tür [s], positiv [f]

（来源：http://cornelia.siteware.ch/phonetik/arbeitsblphonet/rechtschreibung.pdf）

附录4：德语基数词举例

1）数字 0～129 举例

数字	德语	数字	德语	数字	德语	数字	德语
0	null	10	zehn	100	einhundert	20	zwanzig
1	eins	11	elf	10	zehn	21	einundzwanzig
2	zwei	12	zwölf	20	zwanzig	32	zweiunddreißig
3	drei	13	dreizehn	30	dreißig	43	dreiundvierzig
4	vier	14	vierzehn	40	vierzig	54	vierundfünfzig
5	fünf	15	fünfzehn	50	fünfzig	65	fünfundsechzig
6	sechs	16	sechzehn	60	sechzig	76	sechsundsiebzig
7	sieben	17	siebzehn	70	siebzig	87	siebenundachtzig
8	acht	18	achtzehn	80	achtzig	98	achtundneunzig
9	neun	19	neunzehn	90	neunzig	129	einhundertneunundzwanzig

2）数字 $100 \sim 10^{12}$ 举例

数字	德语	数字	德语
100	einhundert	1.248	eintausendzweihundertachtundvierzig
400	vierhundert	10.000	zehntausend
900	neunhundert	100.000	einhunderttausend
1.000	eintausend	1.000.000	Millionen *
4.000	viertausend	1.000.000.000	Milliarden *
9.000	neuntausend	1.000.000.000.000	Billionen *

* 10^6、10^9 和 10^{12} 中文分别为百万、十亿和兆。

附录5：德语日期及举例

1）德语日期中的天数

	1～10		11～20		21～31
1	dererst…	11	derelft…	21	dereinundzwanzigst…
2	derzweit…	12	derzwölft…	22	derzweiundzwanzigst…

中国人在德国学德语的故事

续 表

	1～10		11～20		21～31
3	derdritt...	13	derdreizehn...	23	derdreiundzwanzigst...
4	derviert...	14	dervierzehn...	24	dervierundzwanzigst...
5	derfünft...	15	derfünfzehn...	25	derfünfundzwanzigst...
6	dersechst...	16	dersechzehn...	26	dersechsundzwanzigst...
7	dersiebent.../siebt...	17	dersiebzehn...	27	dersiebenundzwanzigst...
8	deracht...	18	derachtzehn...	28	derachtundzwanzigst...
9	derneunt...	19	derneunzehn...	29	derneunundzwanzigst...
10	derzehnt...	20	derzwanzigst...	30	derdreißigst...
				31	dereinunddreißigst...

注：德语日期中天数词的词尾变化(也是序数词词尾变化)与形容词相同，它们随着后面的名词所处的位置不同而变化，所以这里用"..."来表示。

2)德语日期中的月份全称及缩写

月份	德语全称	德语缩写	月份	德语全称	德语缩写
一月	Januar	Jan.	七月	Juli	Jul.
二月	Februar	Feb.	八月	August	Aug.
三月	März	Mär.	九月	September	Sep.
四月	April	Apr.	十月	Oktober	Okt.
五月	Mai	Mai.	十一月	November	Nov.
六月	Juni	Jun.	十二月	Dezember	Dez.

3)年份举例

从 1100—1999 年，这些年份用"百年"表示。从 2000 年开始，使用正常的基数。

举例：1234——eintausendzweihundertvier（und）dreißig 或者 elfhundert（und）dreizehn

1992——eintausendneunhundertzwei(und) neunzig 或者 neunzehnhundert（und）neunzig

2000—— zweitausend

2022——zweitausendzwei(und)zwanzig

附录6：德语序数词举例

序数词	德语读写法	序数词	德语读写法	序数词	德语读写法
1.	der erste	11.	der elfte	20.	der zwanzigste
2.	der zweite	12.	der zwölfte	30.	der dreißigste
3.	der dritte	13.	der dreizehnte	40.	der vierzigste
4.	der vierte	14.	der vierzehnte	100.	der hundertste
5.	der fünfte	15.	der fünfzehnte	1000.	der tausendste
6.	der sechste	16.	der sechzehnte		
7.	der siebte	17.	der siebzehnte		
8.	der achte	18.	der achtzehnte		
9.	der neunte	19.	der neunzehnte		
10.	der zehnte				

注：从基数词组成序数词的规则：

(1)基本数字1～19 ＋后缀-te，其中序数词"第1""第3""第7""第8"例外（在表格中用下画线标注）；

(2)基本数字20以后 ＋后缀-ste。

附录7：德国2010—2022年每年适用的联邦法规总数

数据来自联邦法律数据库，基于联邦司法部公布参考清单A（不包括国际法的联邦法）统计①。

年份②	法律总数 部	法律个性化规则总数 个	法定条例总数 个	法定条例个性化规则总数 个
2010	1,668	43,085	2,655	36,850
2011	1,623	42,948	2,636	36,958
2012	1,625	43,391	2,648	37,224
2013	1,647	43,777	2,681	37,927
2014	1,669	44,214	2,720	38,193
2015	1,671	44,522	2,754	38,484
2016	1,684	45,218	2,758	38,715
2017	1,670	46,198	2,691	38,994
2018	1,697	47,410	2,722	39,713

中国人在德国学德语的故事

续表

年份②	法律总数 部	法律个性化规则总数 个	法定条例总数 个	法定条例个性化规则总数 个
2019	1,702	47,712	2,731	39,798
2020	1,714	48,426	2,736	40,405
2021	1,738	49,370	2,800	41,823
2022③	1,773	50,738	2,795	42,590

注：①数据不包括适用于德国的联邦州法规和国际法。
②数据为截至该年的1月1日有效的法规总数。
③2022年的数据是截至2022年2月2日的初步数字。
（来源：https://dserver.bundestag.de/btd/20/007/2000721.pdf）

附录8：德国最常见的100个姓氏

排名	姓氏	姓氏类型
1	Müller / Mueller	职业名称
2	Schmidt	职业名称
3	Schneider	职业名称
4	Fischer	职业名称
5	Meyer	职业名称
6	Weber	职业名称
7	Hofmann	职业名称
8	Wagner	职业名称
9	Becker	职业名称
10	Schulz	职业名称
11	Schäfer / Schaefer	职业名称
12	Koch	职业名称
13	Bauer	职业名称
14	Richter	职业名称
15	Klein	特征名称
16	Schröder / Schroeder	职业名称
17	Wolf	从名字（父名）形成的姓氏/特征名称

续表

排名	姓氏	姓氏类型
18	Neumann	特征名称
19	Schwarz	特征名称
20	Schmitz	职业名称
21	Krüger / Krueger	职业名称
22	Braun	从名字(父名)形成的姓氏/特征名称
23	Zimmermann	职业名称
24	Schmitt	职业名称
25	Lange	特征名称
26	Hartmann	从名字(父名)形成的姓氏
27	Hofmann	职业名称
28	Krause	特征名称
29	Werner	从名字(父名)形成的姓氏
30	Meier	职业名称
31	Schmid	职业名称
32	Schulze	职业名称
33	Lehmann	职业名称
34	Köhler / Koehler	职业名称
35	Maier	职业名称
36	Hermann	从名字(父名)形成的姓氏
37	König / Koenig	特征名称
38	Mayer	职业名称
39	Walter	从名字(父名)形成的姓氏
40	Peters	从名字(父名)形成的姓氏
41	Möller / Moeller	职业名称
42	Huber	职业名称
43	Kaiser	特征名称
44	Fuchs	特征名称
45	Scholz	职业名称
46	Weiss / Weiß	特征名称

中国人在德国学德语的故事

续表

排名	姓氏	姓氏类型
47	Lang	特征名称
48	Jung	特征名称
49	Hahn	特征名称
50	Keller	职业名称/原籍/居住地名称
51	Vogel	特征名称
52	Friedrich	从名字(父名)形成的姓氏
53	Günther	从名字(父名)形成的姓氏
54	Schubert	职业名称
55	Berger	原籍/居住地名称
56	Frank	从名字(父名)形成的姓氏/特征名称/原籍
57	Roth	特征名称/原籍/居住地名称
58	Beck	职业名称/原籍/居住地名称
59	Winkler	职业名称/原籍/居住地名称
60	Lorenz	从名字(父名)形成的姓氏
61	Baumann	职业名称
62	Albrecht	从名字(父名)形成的姓氏
63	Ludwig	从名字(父名)形成的姓氏
64	Franke	从名字(父名)形成的姓氏/特征名称/原籍
65	Simon	从名字(父名)形成的姓氏
66	Böhm	特征名称/原籍
67	Schuster	职业名称
68	Schuhmacher	职业名称
69	Kraus	特征名称
70	Winter	从名字(父名)形成的姓氏/特征名称/居住地名称
71	Otto	从名字(父名)形成的姓氏
72	Krämer	职业名称
73	Stein	居住地名称/原籍
74	Vogt	职业名称
75	Martin	从名字(父名)形成的姓氏

续表

排名	姓氏	姓氏类型
76	Jäger	职业名称
77	Groß	特征名称
78	Sommer	职业名称/特征名称/居住地名称
79	Brandt	从名字(父名)形成的姓氏/居住地名称/原籍
80	Haas	从名字(父名)形成的姓氏//居住地名称
81	Heinrich	从名字(父名)形成的姓氏
82	Seidel	从名字(父名)形成的姓氏
83	Schreiber	职业名称
84	Schulte	职业名称
85	Graf	职业名称/特征名称
86	Dietrich	从名字(父名)形成的姓氏
87	Ziegler	职业名称
88	Engel	从名字(父名)形成的姓氏/特征名称/居住地名称
89	Kühn	从名字(父名)形成的姓氏/特征名称
90	Kuhn	从名字(父名)形成的姓氏/特征名称
91	Pohl	从名字(父名)形成的姓氏/特征名称/居住地名称/原籍
92	Horn	特征名称/居住地名称/原籍
93	Thomas	从名字(父名)形成的姓氏
94	Busch	居住地名称/原籍
95	Wolff	从名字(父名)形成的姓氏/特征名称/居住地名称
96	Sauer	特征名称
97	Bergmann	职业名称/居住地名称
98	Pfeffer	职业名称
99	Voigt	职业名称
100	Ernst	从名字(父名)形成的姓氏

注:数据为2000年的统计结果。
(来源:https://www.bedeutung-von-namen.de/top50-nachnamen-deutschland)

> 中国人在德国学德语的故事

附录9：德语定冠词和不定冠词的变格表

1）定冠词变格表

格	单数（Singular）			复数（Plural）
	阳性	阴性	中性	
第一格（Nominativ）	der	die	das	die
第二格（Genitiv）	des	der	des	der
第三格（Dativ）	dem	der	dem	den
第四格（Akkusativ）	den	die	das	die

2）不定冠词变格表

格	单数（Singular）		
	阳性	阴性	中性
第一格（Nominativ）	ein	eine	ein
第二格（Genitiv）	eines	einer	eines
第三格（Dativ）	einem	einer	einem
第四格（Akkusativ）	einen	eine	ein

附录10：德语名词的四格变化举例

格要回答的问题	Wer oder Was? 谁或什么？	Wessen? 谁的？	Wem? 给谁？	Wen oder Was? 谁或什么？
（德语语法） 格	**Nominativ** 第一格	**Genitiv** 第二格	**Dativ** 第三格	**Akkusativ** 第四格
maskulin 阳性	der Hund ein Hund	des Hundes eines Hundes	dem Hund einem Hund	den Hund einen Hund
feminin 阴性	die Katze eine Katze	der Katze einer Katze	der Katze einer Katze	die Katze eine Katze
neutral 中性	das Schwein ein Schwein	des Schweines eines Schweines	dem Schwein einem Schwein	das Schwein ein Schwein
Plural 复数	die Tiere	der Tiere	den Tieren	die Tiere

注：der Hund、die Katze、das Schwein 和 die Tiere 中译文为狗、猫、猪和动物（复数）。

附录 11：德语词类表

德语的词类怎样看，又如何分，有各种各样的说法。为了便于读者理解，将其分为可变的词类和不可变的词类两大部分：

Veränderliche Wortarten 可变化的词类	Unveränderliche Wortarten 不可变化的词类
Artikel 冠词	Adverb 副词
Pronomen 名词	Präposition 介词
Adjektive 形容词	Konjunktion 连接词
Numerale 数词	Interjektion 感叹词
Pronomen 代词	
Verb 动词	

注：可变化的词类与不可变化的词类区别在于前者有性、数、格的变化，而后者无变化。

附录 12：德语句子成分表及举例

句子核心部分		
(这些句子成分几乎出现在每个句子中)		
句子成分	疑问词	示例句子以及提问和回答
主语 (Subjekt)	Wer oder was tut etwas? (谁或什么做某事？)	Karl und Babara spielen Tischtennis. (我们打乒乓球。) Frage：Wer spielt Tischtennis? (问：谁在打乒乓球？) Antwort：Karl und Babara. (答：Karl 和 Babara。)
谓语 (Prädikat)	Was tut das Subjekt? (主语做什么？)	Karl und Babara spielen Tischtennis. Frage：Was tun Karl und Babara? (问：Karl 和 Babara 在做什么？) Antwort：spielen. (答：在玩。)

中国人在德国学德语的故事

续 表

<table>
<tr><td colspan="3" align="center">句子补充部分
（这些成分可以扩展句子的核心部分）</td></tr>
<tr><td>句子成分</td><td>疑问词</td><td>示例句子以及提问和回答</td></tr>
<tr><td rowspan="2">第四格宾语
（Akkusativobjekt）</td><td rowspan="2">Wen/ Was
（谁？/什么？）</td><td>Karl und Babara spielen Tischtennis.</td></tr>
<tr><td>Frage：Was spielen Karl und Babara?
（问：Karl 和 Babara 在玩什么？）
Antwort：Tischtennis.
（答：乒乓球。）</td></tr>
<tr><td rowspan="2">第三格宾语
（Dativobjekt）</td><td rowspan="2">Wem
［(给)谁］</td><td>Der Bruder seiner Mutter schenkt ihm ein Fahrrad.
（他妈妈的兄弟送给了他一辆自行车。）</td></tr>
<tr><td>Frage：Wem schenkt der Bruder seiner Mutter ein Fahrrad?
（问：他妈妈的兄弟把自行车送给谁？）
Antwort：ihm.
（答：他。）</td></tr>
<tr><td rowspan="2">第二格宾语
（Genitivobjekt）</td><td rowspan="2">Wessen
（谁的）</td><td>Der Bruder seiner Mutter schenkt ihm ein Fahrrad.</td></tr>
<tr><td>Frage：Wessen Bruder schenkt ihm ein Fahrrad?
（问：谁的兄弟给他一辆自行车？）
Antwort：seiner Mutter.
（答：他妈妈。）</td></tr>
<tr><td rowspan="2">地点状语
（Lokaladverbial）</td><td rowspan="2">Wo / Woher / Wohin
（哪里？/从哪里？/去哪里？）</td><td>Sie geht in die Schule.
（她去上学。）</td></tr>
<tr><td>Frage：Wohin geht sie?
（问：她要去哪里？）
Antwort：in die Schule.
（答：上学。）</td></tr>
</table>

续表

句子补充部分
(这些成分可以扩展句子的核心部分)

句子成分	疑问词	示例句子以及提问和回答
时间状语 (Temporaladverbial)	Wann / Wie lange / Wie oft (什么时候？/ 多久？/ 多少次？)	Er geht um 8 Uhr zur Arbeit. (他8点钟去上班。) Frage：Wann geht er zur Arbeit? (问：他什么时候上班？) Antwort：um 8 Uhr. (答：8点钟。)
情况状语 (Modaladverbial)	Wie / Auf welche Weise / Womit / Wodurch (如何？/ 以何种方式？/ 用什么？/ 为何？)	Er geht zu Fuß zur Arbeit. (他走路去上班。) Frage：Wie geht er zur Arbeit? (问：他怎么去上班？) Antwort：zu Fuß. (答：步行。)
因果状语 (Kausaladverbial)	Warum/Weshalb/Wozu (为什么？/ 为何？/ 何故？)	Wegen des defekten Wagens wurde die Straße blockiert. (由于汽车坏了，路被堵住了。) Frage：Weshalb wurde die Straße blockiert? (问：为什么路被堵了？) Antwort：Wegen des defekten Wagens. (答：因为车坏了。)

注意：句子成分的划分有许多不同的方式，这里是其中一种方式。

附录13：德语强、弱和混合变化形容词词尾变化表

形容词放在名词前面作定语时，必须与名词保持性、数、格的一致。形容词有3种变化形式：

形容词前面有定冠词或指示代词时，这些形容词属于弱变化。示例：Der neue Motor。

形容词前面没有冠词或代词时，这些形容词属于强变化。示例：neuer

中国人在德国学德语的故事

Motor。

形容词前面有不定冠词、物主代词或 kein 时，这些形容词属于混合变化。示例：ein neuer Motor。

1) 弱变化形容词词尾变化表

格	单数（Singular）			复数（Plural）
	阳性	阴性	中性	
第一格（Nominativ）	-e	-e	-e	-en
第二格（Genitiv）	-en	-en	-en	-en
第三格（Dativ）	-en	-en	-en	-en
第四格（Akkusativ）	-en	-e	-e	-en

2) 强变化形容词词尾变化表

格	单数（Singular）			复数（Plural）
	阳性	阴性	中性	
第一格（Nominativ）	-er	-e	-es	-en
第二格（Genitiv）	-es	-er	-es	-er
第三格（Dativ）	-em	-er	-em	-en
第四格（Akkusativ）	-en	-e	-es	-e

3) 混合变化形容词词尾变化表

格	单数（Singular）			复数（Plural）
	阳性	阴性	中性	
第一格（Nominativ）	-er	-e	-es	-en
第二格（Genitiv）	-en	-er	-en	-en
第三格（Dativ）	-en	-en	-en	-en
第四格（Akkusativ）	-en	-e	-es	-en

附录 14：德语不同代词的变格表

1) 人称代词

数	格	第一人称	第二人称①	第三人称②
单数 Singular	第一格（Nominativ）	ich	du、Sie	er、sie、es
	第二格（Genitiv）	meiner	deiner、Ihrer	seiner、ihrer、seiner
	第三格（Dativ）	mir	dir、Ihnen	ihm、ihr、ihm
	第四格（Akkusativ）	mich	dich、Sie	sie
复数 Plural	第一格（Nominativ）	wir	ihr、Sie	sie
	第二格（Genitiv）	unser	euer、Ihrer	ihrer
	第三格（Dativ）	uns	euch、Ihnen	ihnen
	第四格（Akkusativ）	uns	euch、Sie	sie

注：①第二人称中的第二个人称代词是前者的尊称。
②第三人称单数中的人称代词分别为阳性、阴性和中性的人称代词。

2) 反身代词

如果动词或者介词的宾语与主语相一致，两者指的是同一个人或者同一件事物，这时，动词或这个介词后面的宾语就要用反身代词。

反身代词只有第三格（D）和第四格（A）。第三人称和尊称的单数和复数有特殊的反身代词 sich，其他均用于相应的人称代词形式。

汉语	我	你	他	她	它	我们	你们	他们	您们
人称代词(N)	ich	du	er	sie	es	wir	ihr	sie	Sie
反身代词(D)	mir	dir	sich	sich	sich	uns	euch	sich	sich
反身代词(A)	mich	dich	sich	sich	sich	uns	euch	sich	sich

3) 物主代词

汉语	单数（Singular）			复数（Plural）
	阳性	阴性	中性	
我的	mein	meine	mein	meine
你的	dein	deine	dein	deine
他的	sein	seine	sein	seine

中国人在德国学德语的故事

续表

汉语	单数（Singular）			复数（Plural）
	阳性	阴性	中性	
她的	ihr	ihre	ihr	ihre
它的	sein	seine	sein	seine
我们的	unser	unsere	unser	unsere
你们的	euer	eu(e)re*	euer	eu(e)re
他们的	ihr	ihre	ihr	ihre
您(们)的	Ihr	Ihre	Ihr	Ihre

注：* 如果物主代词 euer 后面有变化词尾，r 前面的 e 可以省略。

物主代词与它所说明的名词必须保持性、数、格的一致。

举例：物主代词 mein（我的）变格表。

格	单数（Singular）			复数（Plural）
	阳性	阴性	中性	
第一格（Nominativ）	mein	meine	mein	meine
第二格（Genitiv）	meines	meiner	meines	meiner
第三格（Dativ）	meinem	meiner	meinem	meinen
第四格（Akkusativ）	meinen	meine	mein	meine

注：其他物主代词的词尾变化与 mein 变化相同。

4) 关系代词

关系代词在关系从句中起连接作用，同时它又修辞主语中有关名词。关系代词 der、die、das 和 die、welcher、welche、welches、welche 的变格如下：

格	单数（Singular）			复数（Plural）
	阳性	阴性	中性	
第一格（Nominativ）	der	die	das	die
第二格（Genitiv）	dessen	deren	dessen	deren
第三格（Dativ）	dem	der	dem	denen
第四格（Akkusativ）	den	die	das	die

格	单数（Singular）			复数（Plural）
	阳性	阴性	中性	
第一格（Nominativ）	welcher	welche	welches	welche
第二格（Genitiv）	dessen	deren	dessen	deren
第三格（Dativ）	welchem	welcher	welchem	welchen
第四格（Akkusativ）	welchen	welche	welches	welche

5) 不定代词（只用于人的不定代词）

不定代词	第一格	第三格	第四格
man	man	einem	einen
jemand	jemand	jemand(em)	jemand(en)
niemand	niemand	niemand(em)	niemand(en)

注：代词"jemand"和"niemand"中的变格词尾(em)和(en)通常在口语中省略。

附录15：2022年德国各联邦州规定的节假日

节日		德国联邦州														
汉语表达	德语表达	BW	BY	BE	BB	HB	HH	HE	MV	NI	NW	RP	SL	SN	ST	SH	TH
元旦	01.01.2022 - Neujahr	×	×	×	×	×	×	×	×	×	×	×	×	×	×	×	×
主显节	06.01.2022 - Heilige Drei Könige	×	×														
国际妇女节	08.03.2022 - Internationaler Frauentag			×													
耶稣受难日	15.04.2022 - Karfreitag	×	×	×	×	×	×	×	×	×	×	×	×	×	×	×	×
复活节星期一	18.04.2022 - Ostermontag	×	×	×	×	×	×	×	×	×	×	×	×	×	×	×	×
劳动节	01.05.2022 - Tag der Arbeit	×	×	×	×	×	×	×	×	×	×	×	×	×	×	×	×

中国人在德国学德语的故事

续 表

节日		德国联邦州														
汉语表达	德语表达	BW	BY	BE	BB	HB	HH	HE	MV	NI	NW	RP	SL	SN	ST	SH	TH
耶稣升天节	26.05.2022 - Christi Himmelfahrt	×	×	×	×	×	×	×	×	×	×	×	×	×	×	×	×
圣灵降临节	06.06.2022 - Pfingstmontag	×	×	×	×	×	×	×	×	×	×	×	×	×	×	×	×
基督圣体节	16.06.2022 - Fronleichnam	×	×					×			×	×	×	×*			×**
德国国庆节	03.10.2022 - Tag der deutschen Einheit	×	×	×	×	×	×	×	×	×	×	×	×	×	×	×	×
宗教改革纪念日	31.10.2022 - Reformationstag				×	×	×		×	×				×	×	×	×
万圣节	01.11.2022 - Allerheiligen	×	×								×	×	×				
祈祷和悔改日	16.11.2022 - Buß- und Bettag													×	×		
圣诞节	25.~26.12.2022 - Weihnachtsfeiertage	×	×	×	×	×	×	×	×	×	×	×	×	×	×	×	×

注：* 在萨克森州，仅在天主教社区放假。

＊＊ 在图林根州，仅在天主教社区放假。

"×"意为该联邦州规定有这个节假日。

(来源：https://www.dgb.de/gesetzliche-feiertage-deutschland)

附录16：德语标点符号及在德语键盘上常用的其他主要符号

1) 德语标点符号及举例

标点符号	德文	中译文	例句
.	Punkt	句号	Paul kommt aus Deutschland.
!	Ausrufezeichen	感叹号	Komm bitte zu mir! Renne schneller!

续表

标点符号	德文	中译文	例句
?	Fragezeichen	问号	Kommst du aus Deutschland? Magst du Bücher?
,	Komma	逗号	Ich kaufe mir Chips, Schokolade und ein Smoothie.
;	Semikolon (Strichpunkt)	分号	Heute fahre ich mit dem Auto; morgen mit dem Rad.
:	Doppelpunkt	冒号	Paul sagte：„Ich komme morgen zu dir."
„"	Anführungszeichen	引号	Paul sagte：„Ich komme morgen zu dir."
'	Apostroph	省字号	Paul fragte：„Wie geht's deiner Schwester?"
-	Bindestrich	连字号	Baden-Württemberg liegt im Südwesten von Deutschland.
—	Gedankenstrich	破折号	Am Montag schreibe ich eine wichtige Klausur — ob ich die schaffe?
()	(runde) Klammer	（圆）括号	Sein Vater kam aus Frankfurt (Main).
/	Schrägstrich	斜线符号	Die Höchstgeschwindigkeit beträgt 100km/h.
...	Auslassungspunkte	省略号	Und am Ende nahmen sie sich an den Händen und liefen glücklich...

2) 在德语键盘上常用的其他主要符号

其他符号	德语	汉语
<>	die spitze Klammer	尖括号
[]	die eckige Klammer	方括号
{}	die geschweifte Klammer	大括号
§	das Paragraphenzeichen	段落符号
$	das Dollarzeichen	美元符号

中国人在德国学德语的故事

续表

其他符号	德语	汉语
％	das Prozentzeichen	百分号
&	das Et - Zeichen，das Und - Zeichen	和符号
´`	die Akzentzeichen（Pl.）	重音符号
＊	der Stern	星号
＋	das Pluszeichen	加号
～	die Tilde	波浪号
♯	die Raute，das Doppelkreuz	井号
＠	das at-Zeichen（der Klammeraffe）	老鼠号
＼	der Rückwärtsschrägstrich	反斜杠
｜	der senkrechte Strich	竖线

附录17：德国联邦州2022年中小学校假期一览表

联邦州	2021/2022 学年			2022/2023 学年		
	寒假	复活节假期	圣灵降临节假期	暑假	秋假	圣诞节假期
BW	24.01—06.02	14.04，19.04—23.04	07.06—18.06	28.07—10.09	31.10，02.11—04.11	21.12—07.01
BY	28.02—04.03	11.04—23.04	07.06—18.06	01.08—12.09	31.10—04.11，16.11	24.12—07.01
BE	29.01—05.02	11.04—23.04	27.05，07.06	07.07—19.08	24.10—05.11	22.12—02.01

续表

联邦州	2021/2022 学年			2022/2023 学年		
	寒假	复活节假期	圣灵降临节假期	暑假	秋假	圣诞节假期
BB	31.01—05.02	11.04—23.04		07.07—20.08	24.10—05.11	22.12—03.01
HB	31.01—01.02	04.04—19.04	27.05,07.06	14.07—24.08	17.10—29.10	23.12—06.01
HH	28.01	07.03—18.03	23.05—27.05	07.07—17.08	10.10—21.10	23.12—06.01
HE		11.04—23.04		25.07—02.09	24.10—29.10	22.12—07.01
MV	05.02—17.02	11.04—20.04	27.05,03.06—07.06	04.07—13.08	10.10—14.10,01.11,02.11	22.12—02.01
NI	31.01—01.02	04.04—19.04	27.05,07.06	14.07—24.08	17.10—28.10	23.12—06.01
NW		11.04—23.04		27.06—09.08	04.10—15.10	23.12—06.01
RP	21.02—25.02	13.04—22.04		25.07—02.09	17.10—31.10	23.12—02.01
SL	21.02—01.03	14.04—22.04	07.06—10.06	25.07—02.09	24.10—04.11	22.12—04.01
SN	12.02—26.02	15.04—23.04	27.05	18.07—26.08	17.10—29.10	22.12—02.01

(来源:https://www.ferienwiki.de/ferienkalender/2022/de)

附录 18:德国 2022 年含有命名日的日历

说明:1)日历中的节假日是巴伐利亚州法定的节假日。

2)日历中每个月的最后一行指的是巴伐利亚州该月工作日的天数。

中国人在德国学德语的故事

德国2022年含有命名日的日历（上半年）

Januar	Februar	März	April	Mai	Juni
Sa 1 Neujahr	Di 1 Brigitte ●	Di 1 Fastnacht	Fr 1 Irene ●	So 1 Maifeiertag	Mi 1 Justin
So 2 Basilius ●	Mi 2 Lichtmess	Mi 2 Aschermittwoch ●	Sa 2 Franz	Mo 2 Boris ≡18	Do 2 Eugen
Mo 3 Genoveva ≡1	Do 3 Blasius	Do 3 Kunigunde ≡9	So 3 Richard	Di 3 Philipp u. Jakob	Fr 3 Karl
Di 4 Angelika	Fr 4 Veronika	Fr 4 Kasimir	Mo 4 Konrad ≡14	Mi 4 Florian	Sa 4 Franz
Mi 5 Emilie	Sa 5 Agatha	Sa 5 Gerda	Di 5 Vinzenz	Do 5 Gotthard	So 5 Pfingstsonntag
Do 6 Hl. Drei Könige	So 6 Dorothea	So 6 Fridolin	Mi 6 Isolde	Fr 6 Dietrich	Mo 6 Pfingstmontag
Fr 7 Sigrid	Mo 7 Richard ≡6	Mo 7 Volker ≡10	Do 7 Hermann	Sa 7 Gisela	Di 7 Robert ≡23
Sa 8 Erhard	Di 8 Salomon	Di 8 Weltfrauentag	Fr 8 Walter	So 8 Muttertag	Mi 8 Helga
So 9 Julian	Mi 9 Alto	Mi 9 Franziska	Sa 9 Waltraud	Mo 9 Caroline ≡19	Do 9 Ephräm
Mo 10 Amalie ≡2	Do 10 Scholastika	Do 10 Gustav	So 10 Engelbert	Di 10 Antnin	Fr 10 Diana
Di 11 Werner	Fr 11 Severin	Fr 11 Theresia	Mo 11 Stanislaus ≡15	Mi 11 Mamertus	Sa 11 Paula
Mi 12 Ernst	Sa 12 Eulalia	Sa 12 Engelhard	Di 12 Hertha	Do 12 Pankratius	So 12 Leo III
Do 13 Jutta	So 13 Castor	So 13 Rosina	Mi 13 Ida	Fr 13 Servatius	Mo 13 Antonius v. Padua ≡24
Fr 14 Engelmar	Mo 14 Valentinstag	Mo 14 Mathilde ≡11	Do 14 Gründonnerstag	Sa 14 Bonifatius	Di 14 Hartwig
Sa 15 Arnold	Di 15 Siegfried ≡7	Di 15 Luise	Fr 15 Karfreitag	So 15 Sophie	Mi 15 Vitus
So 16 Marcellus	Mi 16 Juliana	Mi 16 Heribert	Sa 16 Benedikt	Mo 16 Johanes Nepomuk ≡20	Do 16 Fronleichnam
Mo 17 Antonius ≡3	Do 17 Alexius	Do 17 Patrick	So 17 Ostersonntag	Di 17 Dietmar	Fr 17 Volkmar
Di 18 Susanne	Fr 18 Bernadette	Fr 18 Afra	Mo 18 Ostermontag	Mi 18 Erich	Sa 18 Albert
Mi 19 Marius	Sa 19 Gabinus	Sa 19 Josef	Di 19 Leo ≡16	Do 19 Kuno	So 19 Romuald
Do 20 Fabian und Sebastian	So 20 Isabella	So 20 Frühlingsanfang	Mi 20 Hildegund	Fr 20 Elfriede	Mo 20 Adalbert ≡25
Fr 21 Agnes	Mo 21 Eleonore ≡8	Mo 21 Christian ≡12	Do 21 Anselm	Sa 21 Hermann	Di 21 Sommeranfang
Sa 22 Dietlinge	Di 22 Petri Stuhlfeier	Di 22 Lea	Fr 22 Soter u. Cajus	So 22 Julia ≡21	Mi 22 Thomas Morus
So 23 Hartmut	Mi 23 Romana	Mi 23 Toribio	Sa 23 Georg	Mo 23 Renata	Do 23 Edeltraud
Mo 24 Franz v. Sales ≡4	Do 24 Matthias	Do 24 Katharina	So 24 Fidelis v. Sigmaringen	Di 24 Dagmar	Fr 24 Johannes der Täufer
Di 25 Wolfram	Fr 25 Walburga	Fr 25 Mariä Verkündung	Mo 25 Erwin ≡17	Mi 25 Urban	Sa 25 Berta
Mi 26 Paula	Sa 26 Mechthild	Sa 26 Emanuel	Di 26 Kletus u. Marcellus	Do 26 Christi Himmelfahrt	So 26 Johannes u. Paulus
Do 27 Angela	So 27 Alexander	So 27 Sommerszeit ≡13	Mi 27 Petrus Canisius	Fr 27 Augustin	Mo 27 Siebenschläfertag ≡26
Fr 28 Karl d. Große	Mo 28 Rosenmontag	Mo 28 Guntram	Do 28 Vitalis	Sa 28 Wilhelm	Di 28 Irenäus
Sa 29 Valerius		Di 29 Helmut	Fr 29 Sibylla	So 29 Maximin ≡22	Mi 29 Peter und Paul ●
So 30 Martina		Mi 30 Quirin	Sa 30 David	Mo 30 Ferdinand	Do 30 Otto
Mo 31 Johannes Bosco ≡5		Do 31 Guido		Di 31 Petra	
20 Arbeitstage	20 Arbeitstage	23 Arbeitstage	19 Arbeitstage	21 Arbeitstage	20 Arbeitstage

244

附 录

德国2022年含有命名日的日历（下半年）

Juli		August		September		Oktober		November		Dezember	
Fr 1	Theobald	Mo 1	Petri Kettenfest ■31	Do 1	Verena	Sa 1	Remigius	Di 1	Allerheiligen ☽	Do 1	Eligius
Sa 2	Maria Heimsuchung	Di 2	Alfons	Fr 2	Ingrid	So 2	Theophil	Mi 2	Allerseelen ■44	Fr 2	Bibiliana
So 3	Thomas	Mi 3	Lydia	Sa 3	Gregor d. Große ☽	Mo 3	Tag der Dt. Einheit ☽	Do 3	Hubertus	Sa 3	Franz Xaver
Mo 4	Ulrich ■27	Do 4	Dominikus	So 4	Rosalia	Di 4	Franz v. Assisi ■40	Fr 4	Karl Borromäus	So 4	2. Advent
Di 5	Charlotte	Fr 5	Oswald ☽	Mo 5	Herkules ■36	Mi 5	Genwig	Sa 5	Emmerich	Mo 5	Gerald ■49
Mi 6	Jesaias	Sa 6	Sixtus	Di 6	Magnus	Do 6	Bruno	So 6	Leonhard	Di 6	Nikolaus
Do 7	Willibald ☽	So 7	Kajetan	Mi 7	Regina	Fr 7	Markus	Mo 7	Engelbert ■45	Mi 7	Ambros
Fr 8	Kilian	Mo 8	Cyriakus ■32	Do 8	Maria Geburt	Sa 8	Brigitta	Di 8	Gottfried ☽	Do 8	Maria Empfängnis ☽
Sa 9	Agilolf	Di 9	Roland	Fr 9	Korbinian	So 9	Abraham ☽	Mi 9	Theodor	Fr 9	Valerie
So 10	Amalia	Mi 10	Laurentius	Sa 10	Edgar ☽	Mo 10	Franz Borgia ■41	Do 10	Leo d. Große	Sa 10	Judith
Mo 11	Olga ■28	Do 11	Klara v. Assisi	So 11	Protus u. Hyazinth	Di 11	Maria Mutterschaft	Fr 11	Martin	So 11	3. Advent
Di 12	Heinrich	Fr 12	Johannes ☽	Mo 12	Maria Namen ■37	Mi 12	Maximilian	Sa 12	Emil	Mo 12	Johanna ■50
Mi 13	Kunigunde ☽	Sa 13	Hippolyt u. Kassian	Di 13	Notburga	Do 13	Eduard	So 13	Volkstrauertag	Di 13	Luzia
Do 14	Kamillus	So 14	Maximilian Kolbe	Mi 14	Irmgard	Fr 14	Burkhard	Mo 14	Alberich ■46	Mi 14	Johannes
Fr 15	Bonaventura	Mo 15	Maria Himmelfahrt	Do 15	Maria Schmerzen	Sa 15	Theresia v. Avila	Di 15	Leopold	Do 15	Christiane
Sa 16	Ruth	Di 16	Stephan ■33	Fr 16	Cornelius	So 16	Hedwig	Mi 16	Buß- und Bettag ☽	Fr 16	Adelheid
So 17	Aloxius	Mi 17	Bertram	Sa 17	Hildegard ☽	Mo 17	Ignatius Antiochen ■42 ☽	Do 17	Gertrud	Sa 17	Lazarus
Mo 18	Friedrich ■29	Do 18	Helena	So 18	Lambert	Di 18	Lukas Ev.	Fr 18	Roman	So 18	4. Advent
Di 19	Rufina	Fr 19	Sebald ☽	Mo 19	Januarius ■38	Mi 19	Paul	Sa 19	Elisabeth	Mo 19	Susanna ■51
Mi 20	Margarethe ☽	Sa 20	Bernhard	Di 20	Weltkindertag	Do 20	Wendelin	So 20	Totensonntag	Di 20	Julius
Do 21	Daniel	So 21	Adolf	Mi 21	Matthäus	Fr 21	Ursula	Mo 21	Amalia ■47	Mi 21	Winteranfang
Fr 22	Maria Magdalena	Mo 22	Timotheus ■34	Do 22	Gundula	Sa 22	Cordula	Di 22	Cäcilia	Do 22	Jutta
Sa 23	Brigitta v. Schweden	Di 23	Rosa	Fr 23	Herbstanfang	So 23	Gerhard	Mi 23	Clemes	Fr 23	Viktoria ●
So 24	Christophorus	Mi 24	Bartholomäus	Sa 24	Rupert u. Virgil	Mo 24	Salome ■43 ●	Do 24	Herta	Sa 24	Heiliger Abend
Mo 25	Jakobus ■30	Do 25	Ludwig	So 25	Nikolaus v. d Flüe ●	Di 25	Krispin	Fr 25	Katharina	So 25	1. Weihnachtstag
Di 26	Joachim u. Anna	Fr 26	Samuel	Mo 26	Kosmas u. Damian ■39	Mi 26	Amandus	Sa 26	Konrad	Mo 26	2. Weihnachtstag
Mi 27	Pantaleon	Sa 27	Monika	Di 27	Vinzenz v. Paul	Do 27	Wolfhard	So 27	1. Advent	Di 27	Johannes Ev. ■52
Do 28	Viktor ●	So 28	Augustinus ■35	Mi 28	Wenzel	Fr 28	Weltspartag	Mo 28	Berta ■48	Mi 28	Unschuldige Kinder
Fr 29	Martha	Mo 29	Sabina	Do 29	Michael	Sa 29	Raphael	Di 29	Friedrich ☽	Do 29	Jonathan
Sa 30	Ingeborg	Di 30	Benjamin	Fr 30	Hieronymus	So 30	Ende Sommerzeit	Mi 30	Andreas	Fr 30	Margareta ☽
So 31	Ignatius v. Loyola	Mi 31	Raimund			Mo 31	Reformationstag			Sa 31	Silvester
21 Arbeitstage		22 Arbeitstage		22 Arbeitstage		20 Arbeitstage		21 Arbeitstage		21 Arbeitstage	

（来源：https://www.sparkasse-allgaeu.de/content/dam/myif/sk-allgaeu/work/dokumente/pdf/ihresparkasse/Kalender_2022.pdf）

参 考 文 献

[1] 廖馥香.德语语法[M].北京:商务印书馆,1979.
[2] 祝彦.德语:第一册[M].北京:商务印书馆,1979.
[3] 祝彦.德语:第二册[M].北京:商务印书馆,1981.
[4] 祝彦.德语:第三册[M].北京:商务印书馆,1981.
[5] Deutscher Bundestag (Drucksache 20/721). Maβnahmen zur Reduzierung von Bürokratie auf Bundesebene [EB/OL]. (15.02.2022) [25-11-2022]. https://dserver.bundestag.de/btd/20/007/2000721.pdf.
[6] PASSION4TEQ. Der Die Das-Regeln für Artikel im Deutschen [EB/OL]. [25-11-2022]. http://www.passion4teq.com/articles/der-die-das-genus-regeln/.
[7] Sing mit mir-Kinderlieder. Laterne, Laterne-Kinderlieder zum Mitsingen [EB/OL]. (05.11.2014) [25-11-2022]. https://www.youtube.com/watch?v=6cV1o_JlgWY.